U0891989

# 《太极拳体用全书》释疑

李庆荣　编著

人民体育出版社

**图书在版编目（CIP）数据**

《太极拳体用全书》释疑 / 李庆荣编著. -- 北京 : 人民体育出版社, 2019（2024.4重印）
ISBN 978-7-5009-5558-0

Ⅰ. ①太… Ⅱ. ①李… Ⅲ. ①太极拳—研究 Ⅳ. ①G852.11

中国版本图书馆CIP数据核字(2019)第076041号

*

人民体育出版社出版发行
北京建宏印刷有限公司印刷
新　华　书　店　经　销

*

880×1230　32开本　5.5印张　111千字
2019年8月第1版　　2024年4月第4次印刷

*

ISBN 978-7-5009-5558-0
定价：37.00元

社址：北京市东城区体育馆路8号（天坛公园东门）
电话：67151482（发行部）　　邮编：100061
传真：67151483　　邮购：67118491
网址：www.psphpress.com
（购买本社图书，如遇有缺损页可与邮购部联系）

# 作者简介

李庆荣，1934年生，浙江镇海人。毕业于上海工业大学机械系，1953年起，任职于第一机械工业部第九设计院；1960年起，任职于中国科学院华东计算技术研究所；高级工程师。

职业技术为精密及重型机械制造研究、设计，对材料力学、静力学、运动力学、流体力学、弹性力学有所了解。所从事的专业对太极运动原理内涵及其能量传递缘由的理解，有莫大帮助。

1963年，师从傅钟文先生学85式杨澄甫太极拳。此后，近50年持续习练，遵师教导，练拳缠丝，绵绵不断，时刻不离“杨澄甫拳照”。

在随后教拳、习练过程中，深入研究《太极拳使用法》《太极拳体用全书》《杨式太极拳》等著作，对其中语言文字描述的内涵遵循揣摩，以达尽可能少走样地继承“杨澄甫师公定架的太极拳”。

# 序

杨宗杰

杨澄甫《太极拳体用全书》受到了质疑，准确地说，应是《太极拳体用全书》个别地方的文字表述是否有误受到质疑。这也难怪，因为《太极拳体用全书》毕竟不是杨澄甫本人所亲笔；退一步说，即便是杨澄甫本人所亲笔，也未必就是板上钉钉，所谓“术业有专攻”，一代宗师杨澄甫，其功力也原非在笔墨之间。后人读《太极拳体用全书》，挡不住会对其中的一些文字表述产生质疑，如此说来倒也无可厚非。然而《太极拳体用全书》毕竟非一般著作可比，杨澄甫固非常人，其执笔者郑曼青也远非常人。故对此书提出质疑，当然会引起对“质疑”的“质疑”——这就是本书的成因。

本书的作者是一位很严谨的太极拳习练者，因其工程师的专业背景，对任何事情都讲究个认真，不会轻易放过，因此更应该称得上是一位严谨的太极拳研究者。他认真疏理了对《太极拳体用全书》的各种质疑，一是自己把质疑和原著做了精细对比，逐字逐句加以分析，二是还寻出其他代表性观点和著作进行比较，这样就形成了本书的“释疑”。

不是经典，就不会被广泛深入阅读；不被广泛深入阅读，就不会产生“质疑”；不是“质疑”，就不会有对“质疑”的“释疑”。“释疑”是句号吗？“释疑”是提供了一种新的视角，新的研读《太极拳体用全书》的途径和方法。我相信，此“释疑”会引起广大爱好者更大的精读原版《太极拳体用全书》的兴趣，从而带动太极拳理论水平的进一步提升；理论自然离不开实践，这样的“咬文嚼字”，必须紧扣动作的一招一式进行验证，否则如看“天书”。如此则会更加促进对太极拳一招一式的精确参悟和把握，从而推动太极拳拳艺水平的整体提高。这才是问题的关键，也才是本书的核心价值所在。

（注：本文者系邯郸市体育局太极拳办公室负责人，永年太极拳联谊总会秘书长，原永年太极杂志总编，邯郸学院客座教授，广府太极国术馆馆长。）

# 前 言

《太极拳体用全书》是杨澄甫太极拳最终定型稿，是杨澄甫先生亲自审订的著作。自从李雅轩先生在《太极拳体用全书》的例言前，眉批说有误之后，也有人提出《太极拳体用全书》多处有误，直至今日尤有如此之说。

诚然，《太极拳体用全书》并非完美无缺，由于当时历史条件所限，人工检字排版，拍照筹划不易，遗留下某些历史性误植和错误，我们不能增值否定《太极拳体用全书》的整体准确性，作为杨式太极拳的圭臬，它是当之无愧的，是杨澄甫给我们留下的宝贵拳术文化财富。

绝大多数质疑点，是因为我们后学者未能仔细深入探究、实践揣摩，体悟未达其境所致。我确信杨公《太极拳体用全书》的语言文字是精准的，可为力学实践所证实。

1931年，文光印务馆出版杨公澄甫著《太极拳使用法》；1934年2月，上海大东书局出版杨公澄甫著《太极拳体用全书》。这些著作是由董英杰、郑曼青等代笔成书的。有人就此垂询了最了解杨家太极拳情况的傅钟文老师和沈寿老师。

沈寿老师说："很难想象在尊师重道的时代里，出版杨老师署名的《太极拳使用法》和《太极拳体用全书》，而又不符合署名者本意的文章和书刊。"

傅钟文老师说："这些书都是杨老师健在时出版的。虽是董英杰、郑曼青等代为笔述成书，但以杨老师口授内容为基础，是杨老师过了目、首肯的。当时亦未见有何异议。为什么当时不说，现在说三道四，冒出这样那样的说法？！杨老师何以假手董英杰先生及'习拳未久'的郑曼青代笔著述太极拳著作，不仅仅是因为他们文化程度高，而是他们能尊师重道，不自以为是。杨家的师承要求是非常严格的，杨老师生前很不满他的学生随便改拳。由此可见，这些著作都是忠实杨公澄甫本意的。"

为此，我对《太极拳体用全书》的质疑，作一收集罗列，给以推敲解惑释疑，看看是否真有道理，供拳友们参考。

# 目 录

# 质疑一　起势

《太极拳体用全书》第1页——“此为太极拳预备动作之姿势。立定时，头宜正直，意含顶劲，眼向前平视，含胸拔背，不可前俯后仰，沉肩垂肘，两手指向前，掌心向下，松腰胯，两足直踏。平行分开，距离与肩相齐。尤要精神内固，气沉丹田，一任自然，不可牵强。守我之静，以待人之动，则内外合一，体用兼全，人皆于此势易为忽略，殊不知，练法用法，俱根本于此”。（图1）

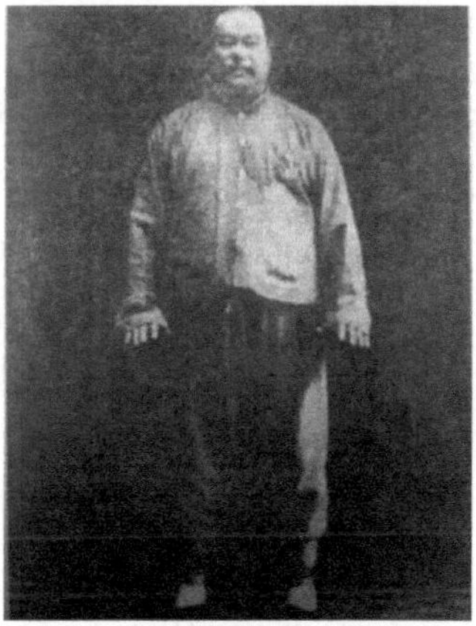

图1　起势

其中，“此为太极拳预备动作之姿势”写错了，应该是太极拳起势结束状态；更说“两足直踏”肯定了双重，也错了。

**【解惑释疑】**

我们应注意，杨公述说的是“迎敌预备动作过程”而不是起势“结束状态”。请注意过程是：“头宜正直；意含顶劲；含胸拔背；沉肩坠肘；松腰胯；两足直踏；精神内固；气沉丹田；一任自然；静以待人。”这都是迎敌的预备过程，当然也包括了“起势”的结束状态。杨公是在解释说：太极拳“起势”，就是太极拳“预备动作之姿势”。也就是说“起势”的整个过程就是“太极拳开始的预备动作”。预备动作有一个长度，包括了“头宜正直；意含顶劲；含胸拔背；沉肩坠肘；松腰胯；两足直踏；精神内固；气沉丹田；一任自然；静以待人”的整个过程。这样就好理解了吧。简言之，“起势”是一个过程，不只是一种状态。

特别要注意，“两足直踏”实际意义见“十字手”演练中杨公的描述：“全身坐在左脚，右脚即提起，向左收回半步，两脚直踏，‘如起势’。”请看杨公说的是“全身坐在左脚”，右脚是虚提的，因而起势中的“两脚直踏”不是双重。这表示太极拳运动，从“起势”开始经“十字手”到“合太极式”（即“收势”）都不处于双重状态（一直处于“偏沉则随”的虚实变化动态过程）。

**【动作演练】**

由无极预备式。面朝南，身体自然站立，两臂自然下垂，中指对裤缝，呼吸自然，膝肘自然微屈，精神自然提起，虚领含胸，形神炯炯。

设对手此时以拳或掌正面向我胸胁部进击，我两臂迅即迎挡，微下沉急转内旋上提，两掌平直内合，均朝内侧45°互成正交。肘微屈，掌不高于肩。我重心微前移，使对手进击作用力线落于我脚跟之前，而能自稳，且可掌指虎口上震或直击，以化发其臂，使其翻仰跌出；或以掌指直击对手胸胁，迫其退离。

若对手退让后复趁势进拳击我前胸，我两掌迅即继续内旋下沉化解对手来拳而不回抽，即边按边往下坐腕摆沉；或向后移步，不屈不蹲，引对手臂前冲倒伏，我自巍然屹立。这可从杨公起势拳照为证。两臂不屈而坐腕，身体直立而不蹲。

直至立定时，头宜正直，意含顶劲，含胸拔背，眼观对手，不可前俯后仰。沉肩垂肘，两手指向前，掌心向下坐腕，松腰胯，两足直踏，左实右虚，不是双重。傅钟文老师亲授时曾说："从开始至结束、中途没有双重。"（图2）

①起势首　②起掤　③起送

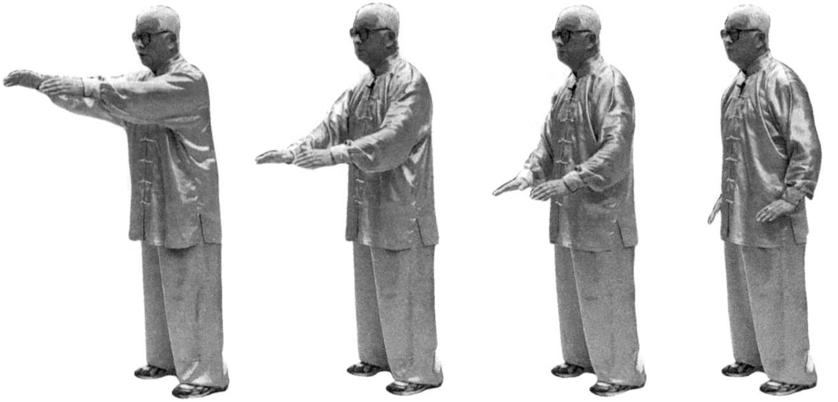

④起止　⑤沉按　⑥沉收　⑦起势尾

图2　动作演示

【练拳误区】

现今练拳往往两臂上提前送，没有绵绵不断的内旋运动，且手臂过直，肘未微屈；至两掌与肩同高时，手背朝上，成为仰肘状态；在下沉双掌时，不继续内旋坐腕沉掌，且屈臂回抽，易被对手向前进击而后倒；起势结束坐腕立定时还易形成双重，即不是左脚实、右脚虚。均为不妥，可参见《太极拳体用全书》第15页“十字手”中文字描述“全身坐在左脚，右脚即提起，向左收回半步，两脚直踏，如起势”。

# 质疑二　拦雀尾左掤

《太极拳体用全书》第2页——“由起势，设敌人对面用左手击我胸部，我将右足即向右侧分开坐实，随起左足往前踏出一步，屈膝坐实后腿伸直，遂为左实右虚，同时将左手提起至胸前，手心向内，肘尖略垂，即以我之腕贴在彼之肘腕中间，用横劲向前往上掤去，不可露呆板平直之像，则彼之力为我移动，彼之部位亦自不稳矣”。（图3）

图3　拦雀尾左掤

其中，设敌人对面用“左手”击我胸部应为用“右手”。否则，下一动擒敌左臂掤发就不顺。

**【解惑释疑】**

应注意原始状态是，“起势”与对手是面对面相持，只当对手用左手击我右胸才引起我下一动右转身“左掤”应对；若对手用右手击我左胸，就不能有下一动右转身“左掤”应对的接续了。所以说，应因时因势制宜。因而，只要我们仔细推敲，亲身实践操作试验就能体会到杨澄甫的语言文字是正确的，千万不要轻易否定。杨澄甫强调，练拳要懂使用法。

【动作演练】

由起势。设对手向我右侧正面用左手拳击，我即以右脚跟为轴右转，屈膝微蹲，腰带右臂掌外旋随转体自下经腹前而上，在右胸前向右侧掤对手的左臂腕，再向里、向左，抹转一小圈（这是傅钟文老师特别强调的），掌心朝下采扣对手臂腕的同时，我左臂外旋插入其臂下，两手成抱球状。同时，我右脚转过90°朝西下蹲，重心全落于右脚，左脚跟进，虚点在右脚踝左后旁。此时，我自重压扣在对手左臂身之上，使其前倾而不得脱。

接着，对手欲收臂后走，我右腿继续下蹲，左脚向左前虚送迈出一步，即以右腿下坐，虚步“送”左腿，脚跟落地，以左脚套钩对手腿，成右实左虚步。随即，我右臂掌前下采对手的左臂腕，左臂腕侧上掤，对拔发劲向其左胸胁部击去。即左臂上掤击对手左侧胸肋，右掌向前，下采其左臂腕，掌心朝下，坐腕。做到“其根在脚，发于腿，主宰于腰，形于手指，由脚而腿而腰，总须完整一气”地发放劲能达于对手身体，而成左侧弓步，朝向西南。

此时，为避我左掤重击其左腰胁，对手必速进步拉

近距离向我靠击，我即顺势转为左捌手，使对手侧后翻到摔跌。我此时为左侧弓步，不易后倒，且可转腰发劲。（图4）

①起势坐腕　②右转上掤　③右转扣沉

④进跟步套抱　⑤左弓步发劲　⑥左掤

**图4　动作演示**

【练拳误区】

现今练拳往往两臂先朝南挤出，而后左臂掌不动，右臂掌向右展开，两脚成平开步，而不是左侧弓步，自我都站立不稳，又违反一动无有不动拳理。对手若前靠，我自仰倒，极不合拳理。

与《太极拳体用全书》第2页中杨澄甫拳照不相符。杨公拳照为："左掤臂高，右下採掌低：左掤臂在后，右下採掌在前。"这是左侧弓步。

# 质疑三　拦雀尾右掤

《太极拳体用全书》第3页——“由前式，设敌人用左手击我侧肋部，我即将右足向右前正面踏出，屈膝踏实，左脚变虚，身亦同时向右面转，眼随往平看，右左手同时圆转，往右前出动，右手在前，手心侧向里，左手在后，手心侧向内”。（图5）

**图5　拦雀尾右掤**

其中，“敌人用左手击我……右左手同时圆转……右前出动”。叙述过于简单。

**【解惑释疑】**

当我左侧弓步左掤，未使对手受击。对手后化退走后，复自西进步用右拳向我胸前进击。我速将左掤掌内旋，掌心翻下向后往下收搂下切侧化对手右直拳。而对手会续施左拳进击我右胸腰，我即将原下采之右手外旋上掤转内旋回抄对手左臂，使其左臂与自己右臂合绞在一起。我右手掌翻上，与左掌贴合，右足左收一步；同时，我重心移于左脚为支撑，速使右腿向西虚进，借全身自重向前压掤。无须专注，劲能自来。注意，腕高不过肩，肘略低于腕。当右虚脚落地时即自动限位，成朝西的右弓步，不会因对手后退而失势前冲，既稳又不费劲，无过无不及。（图6）

①左掤

②切化左移

③右套回收

④十字合封

⑤右掤

图6　动作演示

【练拳误区】

现今练拳往往右掤朝前出现肘腕同高，成为仰肘状态；腕高过肩，更不利前掤；前掤时右脚不虚，以臂力硬顶，均不合拳理。不知利用自身重力矩产生向前的压掤劲，即不知用左后脚撑住，虚右脚前压，助两臂产生极大的前掤劲；更有把前掤练成上掤，两臂高高抬起高过于肩。均为不妥。

# 质疑四　拦雀尾捋法

《太极拳体用全书》第3页——“由前式，转至右手心向下，左手心向上时，速将我右肘腕间，侧贴彼肘节上，侧仰左腕，以腕背黏彼之腕背臂上，向左外侧，全身坐在左腿，左脚实，右脚虚。此时敌欲进攻，我即内向胸前，右侧捋来则彼之跟力拔起，身亦随之倾斜矣”。（图7）

图7　拦雀尾捋法

其中，“右侧捋来”的（右侧）应为（左侧）。

**【解惑释疑】**

注意，“设敌人用左手击我侧肋部”，我原来的双手前掤马上往左捋，是根本黏不到对手的左手臂，只有我两手下沉往右套出对手左臂外，复上提以我肘腕黏住其左臂肘腕，才有可能牵引其左臂拔根左捋。这就是“我即先内向胸前，右侧捋来”的道理，所以杨公语言文字“右侧捋来”是正确的。

【动作演练】

由右掤的右弓步。当对手避开我向前压掤后，随即用左拳反击我头面部。我速将右掌外旋下沉转内旋上提，划一微向右外再转回的小圆弧绕过对手左臂，敷套其左肘上；同时左掌外旋贴扣对手左腕，从而锁住其左臂肘腕而得以化解。

我进而以右前脚为支撑，虚左后脚，因自重产生较大的牵引力，使对手失势向我冲来。我即在左脚落地成半马步时，顺势转腰向左发劲。这是牵引转腰平捋；即体现为右套扣、顺牵引，左转腰发的弧形擒扣平捋。（图8）

①右掤　②擒敌左臂肘腕　③后牵拔根

④转腰左捋

⑤转腰横旋发劲

图8　动作演示

如果我牵对手左臂，使其失势向我冲来，对手觉失势后，趁机屈前臂用肘向我进击，我速用右掌下切其左肘，左掌右托其左腕，合发弯曲旋转扭劲，使对手仰身翻跌，而不得进。这是平捋的后续防化操作技巧，不可不知。

【练拳误区】

现今练拳往往采取一开始即双手左捋，成为顶抗，也捋不动对手。原因是对手两手臂近身，我两臂掌远身；或两手上下翻掌后下捋，或左下捋。这是无法擒扣对手进击左臂肘腕关节的，是不懂拳法的乱动，既不能化其左拳进击，更无所谓捋了。均不合技击拳理。

傅钟文老师在《杨式太极拳》第19页中写明“凡是向左下捋或向下捋，都是不正确的”。必须按前叙所说“先擒扣敌左臂肘腕；继而拔根捋动敌身前冲；最后转腰左发使敌左侧跌出”。这是平捋法有实效的三部曲。

# 质疑五　拦雀尾挤法

《太极拳体用全书》第4页——“由前式设敌往回抽其臂，我即屈右膝，右脚实，左腿伸直，伸腰长往，随之前进，眼神亦直前往上送去。同时速将右手腕向外翻出，左手心贴我之右腕臂间，向前往，乘其抽臂之际，随出挤之。则敌必应手而跌矣”。

其中，缺少了挤法的拳照。

**【解惑释疑】**

此处用董英杰拳照（《太极拳释义》，1948）补入，供参考。（图9）

图9　拦雀尾挤法

杨公在《太极拳体用全书》一书中，拦雀尾挤法文字描述为“右脚实，左腿伸直，伸腰长往，随之前进，眼神亦直前往上送去，同时速将右手腕向外翻出，左手心贴我之右手腕臂间，向前往”。这是形象的滚挤练法。

【动作演练】

接平捋。当对方未被我平捋左发，往回抽臂后退。我即右转腰，同时两手内外旋两掌前后相合于胸前朝西，成环球状。腕高不过肩，肘低于腕，为左实右虚步。腰带双手转正后将后退的对手挤出，不是边转边挤。挤出时是直线发劲，不走弧线。采取滚动前挤的方式，即两臂手腕逐步内旋向外翻出，绵绵不断向前滚进，且连续内旋两臂与前进右虚步配合上下相随。滚动前挤使对手骤难防化，不知所措。（图10）

①平捋

②下切反扣

③回正合十

④ 虚进前挤

⑤滚挤前发

图10　动作演示

当对手欲退走，我即进右虚步，前后合掌滚挤向前跟进，形成以左后脚为支撑，靠全身重力矩产生的前挤推力使对手退倒，直至我右脚落地为止，还能防止前挤过冲失势。无须专注，劲能自来。

【练拳误区】

现今练拳往往呆板地平挤。不会采取两臂内旋滚动，使对手无从按拿、不知所措的练法。多数拳友更不知借助自身重力矩产生强大的前挤推力。也有前挤时，两臂高于肩，更为不妥。

# 质疑六　拦雀尾按法

《太极拳体用全书》第5页——“由拦雀尾挤法，设敌人乘势从左侧来挤，我即将两腕从左侧往上用提劲，空其挤力，手指向上，手心向前，沉肩垂肘、坐腕、含胸、全身坐于左腿。速用两手心按其肘及腕部，向前逼按去。屈右膝，坐实。伸左腿，腰亦同时往前进攻。眼神随动往前从上送去，则敌人即后仰跌出矣”。（图11）

图11　拦雀尾按法

其中，“全身坐于左腿”有错，应是坐于右弓步的右腿。

【解惑释疑】

请注意，此处是按发，不是按化。右弓步不能事先弓好再按，必须采取跟步形式的右弓步，全身先坐于左腿，虚送右腿前弓，落地后屈右腿，坐实。伸左腿腰也同时往前往上拔根进攻。所以，杨公说的“全身坐于左腿”是正确的。

【动作演练】

由滚挤。当对手退避后复用拳或掌向我进击，我迅即将滚挤前后合掌左右分开，外旋切沉，手心皆斜朝上，后引外开对手之臂，成左实右虚步。既化开对手的来拳进击，又形成“我内敌外”的利我局势。

当对手醒悟失势后退时，我即虚进右腿，顺势内旋双掌向前、往上将对手拔根放出而成右弓步。注意，两掌向前合按如捧球状，即两手掌心不可转至平面朝正前方。所谓拔根者，即要向上托起向前按，使对手前脚离地，重心提高，易于被我按离翻倒。发劲时，仍须做到“其根在脚，发于腿，主宰于腰，形于手指，由脚而腿而腰，总须完整一气”地发放劲能达于对手之身。（图12）

①滚挤

②展收

③内切沉收

④后引下沉　⑤内旋合劲　⑥拔根按发

图12　动作演示

傅钟文在《杨式太极拳》第21页按式的要点中说："两掌尚未按出时，左掌心斜朝右面前方，右掌心斜朝左面前方；两掌按出时，掌心须随按随向前转，但两掌心不可转至朝正前方。"这表明，两手后收是外旋下沉，手心翻朝上的。否则，两掌内旋前按必成掌心朝正前方，也绝不是屈臂后坐。

由挤到按过程演练很重要。大多数拳友采取屈臂后坐，然后回按朝前的练法。请问当你屈臂后坐时，对手顺势前进向你推按，你必将后倒无疑，根本无法回按朝前。如此演练不合拳理。

**【练拳误区】**

现今练拳往往屈臂后坐，这是一误用，对手会顺势将你按倒；更有练成两掌下按转前按，这不但按不走对手，还会按稳对手。切记，前按要向前向上拔根按发对手，才是正道。

# 质疑七　单鞭

《太极拳体用全书》第6页——“由拦雀尾按法，设敌人从身后来击，我即将重心移在左脚，右脚尖翘起，向左侧转动坐实，左右手平肩提起，手心向下，一致随腰，左右往复荡动，以称转动之势。两手荡至左方时，乃将右手五指合拢，下垂作吊字式。此时左掌暂驻腰间，与吊手相抱，手心朝上，右足就原位，向左后转动翻身向后，左足提起，偏左踏出，屈膝坐实，右腿伸直，同时转腰，左手向里，由面前经过，往左伸出一掌，手心朝外，松腰胯，向敌之胸部逼去，沉肩垂肘，坐腕，眼神随之前往，俱要同一时动作，则敌人未有不应手而倒”。（图13）

图13　单鞭

其中，“设敌人自身后来击，我即将重心移在左脚，右脚尖翘起，向左侧转动坐实”。这是明确的轻转，犯了送打的毛病。

【解惑释疑】

杨公明明知道“敌人自身后来击”，还要轻转送打吗？这是因为杨公技艺高明，在对手还未击到之前，左荡手掌已到达左面拦击，且能左右往复荡动（左荡横扫，右动提推）击打对手。注意，杨公说的是左右往复荡动，即多次往复荡动，动作之快犹如振动。可见问题不在于“重转”或“轻转”，而在于轻灵、速变。还有后续的“右足就原位，向左后转动翻身向后，左足提起，偏左踏出，左手往左伸出一掌，向敌人胸部逼去”。正所谓“艺高人胆大，轻转亦无妨”。技不如人者，还是按傅钟文老师重转演练为佳。

【动作演练】

单鞭的过渡演练历来是各自不同，特别是右脚“实转”还是“虚转”，这是一；两臂掌是平抹还是沉肘荡动，这是二；右脚跟是里扣撑实还是欠起外蹍，这是三。拳友们称之为单鞭的纠结。

我们只能从杨公澄甫的拳照和他留下的语言文字来研究这些纠结。

第一纠结，右足是“实转”还是“虚转”。

杨公在《太极拳使用法》（1931年）中说：“设敌人从我身后来击，右足就原地向左转动（重转），左足提起”，非常明确地表达了“要避开敌人身后来击，只能原地左转，左足才能提起”。而在《太极拳体用全书》（1934）中有如下描述：“设敌人从身后来击，我即将重心移在左脚（轻转）。”可见，如前述，“艺高人胆大，轻转亦无妨”对于初练拳人来说，按傅老师教导练习为佳。

顾留馨和傅钟文老师在示范和教授时都是实转，且特别强调“不能后坐送打”。因此，可演练如下：接右弓步按发。设此时对手自我左后方向我侧肋部进击，我绝不能后坐送打，必须速变右弓腿为实腿，虚左腿，以右脚跟为轴，左脚尖为支撑点，左转腰带动微坠肘的两臂掌，以左臂回旋格化左后对手的进击。

第二纠结，两臂掌是平抹还是沉肘荡动。

杨公在《太极拳体用全书》中说：“左右手平肩提起，手心向下，一致随腰，左右往复荡动。”如果双手松腕，甚至垂掌往左平抹，会显出疲塌，更无从化敌。

要体现平肩提起，“左荡”“右动”。“左荡”时，不是垂掌直臂的平抹，而是平肩提起，一致随腰。要以左转腰带动微坠肘的两臂掌，以左臂格化左后对手的进击。身腰退坐于右腿，实现引进落空，左荡化解、驱敌的实战功能。

此时，西方被我用拦雀尾按发驱离的对手，又回来向我右侧进拳，我即右转回腰迎之，以右臂掌滚提对手臂拳，同时以左掌前冲其胸胁部。这就是杨公所说“左右往复荡动”的“右动”。为加大劲能的传送，左掌前冲发劲，可采用“动步”或称“偷步”进行，即右进步带动左跟步支撑发劲。

接着，原被我“荡”驱的对手回拳攻我左胸胁部，我即坐实右腿，虚提左腿，左转腰带动左臂内旋，以臂掌横格对手臂拳，进而挥掌进击其胸胁，至左脚落下踏实为止。与此同时，我将滚提的右臂掌，沉肘化解被我左掌前冲发劲驱离对手的回击，并使我右掌变勾手顺其臂上击其下颚，将其震晕得以降伏，成左弓步单鞭雄姿。右手五指合拢作吊字式，要在整个运动过程中逐步形成，不能先成右吊手不动了再左手拉单鞭。

右吊手的形成，要如诸桂亭说："还有鱼尾掌勾切法。通过右手勾套，往上甩开偷袭敌人之右臂，右勾手迅即变掌，斜下斩击敌颈动脉，使敌倒伏。"这是更凶狠的招术。

第三纠结，如何完成单鞭左弓步，右脚跟是里扣撑实还是欠起外踉。

杨公在《太极拳使用法》的如封似闭用法中说："双手按劲往前推去，左足在前作弓式，右足在后为直线，足跟不可欠起，其根在足。"表明，足跟欠起外踉是错误的，右脚应该里扣撑实。

再从单鞭拳照观察，杨公的左足尖朝东时，右足尖是朝南的，即夹角为90°，确证了右脚跟是里扣撑实的。如果是足跟欠起外踉，就成不了这样形态，其夹角必小于90°。

足跟欠起外踉是泄劲的表现。我们来做个实验，拳友们可以一试便知。双掌按墙，当用左弓步向前撑腿发劲时，如果右足跟欠起外踉会有什么后果？必然造成全

身后滑下跌，只有右足里扣撑实向前发劲，才会使劲达墙体，也不会后滑下跌。（图14）

①拦雀尾按

②盘旋左荡

③右动提推

④里扣回收

⑤沉臂后甩

⑥对拉单鞭

图14　动作演示

【练拳误区】

现今练拳往往不按照杨公澄甫的“左右荡动”化发、攻防行拳；而且都是先形成右吊手，而后左手拉单鞭，较长时间暴露右胸胁，不合攻防原理，也有违“一动无有不动”的拳理。也有各持己见囿于“实转”“虚转”；脚跟“欠起”外踬。均为不妥，应向杨澄甫拳照和杨公的语言文字靠拢为宜。

# 质疑八　提手上式

《太极拳体用全书》第7页——“由单鞭，设敌人右自侧来击，我即将身由左向右侧回转，左足随向右侧移转，右足提起向前进步，脚跟点地，脚尖虚悬，全身坐在左腿上，胸含背拔，松腰眼前视，同时将两手互相往里提合，是为一合劲。右手在前，左手在后，两手心左右相向，两腕提至与敌人之肘腕相衔接时，须含蓄其势，以待敌人之变。或即时将右手心反向上，用左手掌合于我右腕上挤出亦可。身法步法，与挤亦有相通处”。（图15）

图15　提手上式

其中，“设敌人右自侧来击”错，应为“自右侧来击”。

**【解惑释疑】**

像这样明显的“设敌人右自侧来击”排字错误（自右排成右自），应不是作者或代笔者水平低下之错。

还有人用《太极拳体用全书》“海底针”一节中的

"胸尖点地"，来说明《太极拳体用全书》一书写作有错，而不容争辩。其实，写作者再笨也不会把脚尖点地写成胸尖点地，显然是抽错铅字造成的错误，因都是月字旁而抽错。

【动作演练】

"提手上式"是一个先收化，后擒发的招术。因单鞭时，我右胸胁开，若对手向我右侧胸胁部用拳先后进击，我即右转腰，重心移于左腿，收右腿。如此身腰向左收空的作用，能引空对手来拳的进击。同时，我左掌外旋上提转内旋下切化对手进击的右拳；右勾手舒放变掌，右臂外旋沉肘回抄如飞鹰状，缠化其左拳而黏引之。继而我右掌经腰胁内旋向南出掌，与左掌相合将对手的双拳，特别要将其左臂肘腕衔合、锁扣，以内旋提合劲，加以右足向前进裆发劲，放其远离；或坐实左腿，提空右足横掌蹬踏其小腿前胫骨，以压倒或驱退对手为止，不可使其骨折而伤人。（图16）

①单鞭

②飞鹰回抄缠化

③左移缠收　④虚步提合　⑤提手上式

图16　动作演示

【练拳误区】

现今练拳往往体验不到收化时飞鹰状腾空盘旋的飘然感受。这样也不能达到身腰向左收空，而使对手来拳进击落空，更因屈臂沉肘而护腰胁。很多拳友既没有体验到这种感受，擒发时又出现双重，导致前脚不能灵活蹬踏，自如发挥作用。

# 质疑九　手挥琵琶

《太极拳体用全书》第10页——“由左搂膝拗步，设敌用右手来击我胸部，我即含胸，屈右膝坐实，左脚随稍往后提，脚跟着地，收蓄其气势，右手同时往后收合。缘彼腕下绕过。即以我之腕黏贴彼之腕。随用右手拢合其腕内部。往右侧下採捺之。左手亦同时由左前上收合，以我之掌腕，黏贴彼之肘部做抱琵琶状，此时能立定重心。左捌右採，蓄我之势以观其变。谓之手挥琵琶也”。（图17）

图17　手挥琵琶

其中，“缘彼腕下绕过”和“右手拢合其腕内部”，如何操作？

**【解惑释疑】**

这两句是一个连续的缠绕化、扣缠丝劲手法，是右手缠对手右腕，随借我左手收合对手右肘成一反扣擒拿，显然是一缠丝劲的应用。

不少拳友把手挥琵琶当作是提手上势的左式，其实不然。手挥琵琶由三步组成："迎扣擒敌"为第一步；"后引拔根"为第二步；第三步以"分错发放"结束。不同于提手上式的先被动地缠化，后转为提合横踏进发的两段功法。

**【动作演练】**

接左搂膝拗步。对手退避后复用右掌或拳向我还击，我即虚上右脚，以双手迎带对手右手臂向后引沉。右手有一缠绕扣腕与左掌托扣对手肘的擒拿左捌右採合劲；随之以左前脚为支撑，虚右后脚顺势后牵，形成较大的后牵力，至我右脚落地坐实为止，这是拔根引进之招术。当对手感觉失势往回硬抽右手时，我即向前顺势分错发送使对手跌出。（图18）

①左搂膝拗步

②上步搭手

③后牵引进　　④擒敌肘腕　　⑤手挥琵琶

图18　动作演示

这是不丢不顶、粘黏连随的绵延技法，要体现：左挒右採螺旋擒拿；后牵拔根；分错回送，三结合独特功法。它不同于提手上势，更不是“提手上势”的反式。

【练拳误区】

现今练拳往往把“提手上势”和“手挥琵琶”混为一谈，这是不妥的。“提手上势”是被动缠化，转为向前往上的提合、蹬踏劲。“手挥琵琶”是向后往下的左挒右採缠扣劲，后牵拔根，分错顺发劲，总体必须贯彻绵绵不断，上下相随。

# 质疑十　进步搬拦捶

《太极拳体用全书》第13页——“接搂膝拗步，设敌人用右手来击，我即将左足微向左侧分开，腰随往左拗转，左手即往后翻转至左耳旁，手心向下。右手俯腕，随转至左胁间，握拳，翻腕向右转腰，右拳随之旋转至右胁下，此谓之搬。同时提起右脚侧右踏实，松腰胯沉下，左手即从左额角旁侧掌平向前击，谓之拦。左足同时提起踏出一步，坐实，右足伸直，右手拳即随腰腿一致向前打出。然此拳之妙用，全在化人击来之右拳，先以我之右手腕，黏彼之右手腕，从左胁上搬之右胁下，其时，恐敌人抽臂换步，即将左手直前随步追去，寓有开劲。拦其右手时，即速将我右拳，向敌胸击去，则敌不遑避，必为我所中。此拳之妙用，所以全在搬拦之合法也”。（图19）

图19　进步搬拦捶

其中，怎么样的搬拦才算是合法？

【解惑释疑】

进步搬拦捶由搬、拦、捶三步联合组成，曾有杨澄甫搬拦打天下之说，特别是右搬拳的缠绕锁扣擒拿，可伤筋挫骨，制敌跪服，是劲能与巧技相合的磨练成果。要得此招，必须练劲，没有劲能无从搬起。后引缠绕是一巧，左右合手是关键，借用身重弱胜强。这些都必须熟练掌握。

【动作演练】

第一步，搬。

由搂膝拗步。设对手用右手掌紧握我右腕，我即将左足微向左侧分开，腰随往左后拗转，意在牵回、缩近右臂，使我右臂腕离我身近，离对手身远；左手同时往后翻转经左耳旁，手心向下，压扣其右手掌；右手俯腕，回牵转至左胁间，握拳，翻腕缠绕向右转腰，右拳随之旋转，双手搬腕将其右臂腕旋扣至右胁下。同时我右脚朝右跟进，左脚虚跟，我全身重量压扣在对手右腕臂上。此谓之搬。这是二对一的反扣擒拿，得当时对手右腕关节痛极，必跪伏于地，无力反抗。我左右手协同动作，至关重要，我左掌若不压扣对手的右掌腕，对手可松脱其右掌腕，致使此招擒拿无效。

第二步，拦。

当对手未遭搬扣，其右掌回抽后复进拳击我。我右脚侧右踏实，松腰胯沉下，左扣压掌变内旋立掌横拦出击，左化对手的拳臂前击，且将左虚脚左进半步，以稳定此丁字步，同时右拳外旋收至腰胁，成对拔态势。此谓之拦。必须做到：丁步，坐实右腿，左掌左拦前击，左掌对左肩，右拳同时外旋收至腰胁，为对拔态势，使前击掌与后收拳保持平衡。

第三步，捶。

当我左立掌拦开对手右臂拳时，即快速将我右拳内旋向对手胸部击去，右拳对右肩。同时，速收左拦掌敷于右手脉门处，形成对拔发劲，同时进左步踏实成左弓步。右拳脉门的保护颇为重要，一旦被人拿住脉门，痛极将无法反抗。

此拳之妙用，全在化人击来之右拳，先以我之右手腕黏彼之右手腕，从左胁上搬至右胁下，其时，恐对手抽臂换步，即将左手直前随步追去，寓有开劲。

我左掌拦对手右手时，即速将我右拳向其胸击去。若对手不急避，则必为我所中。步骤为：左弓步，右出拳，成捶。（图20）

①左搂膝坳步

②引进收拳

③擒拿搬拳　④虚步左拦　⑤进步搬拦捶

图20　动作演示

此处要注意，左掌同时回收与右出拳形成对拔态势，确保自身平衡；左掌宜收至右腕内侧，以护住脉门为佳。

【练拳误区】

现今练拳往往只用右拳单手右搬，不起擒拿作用，致右搬无效；拦掌平切，不立掌，不横开，失去拦化作用；捶打中心不对肩，力线歪扭不到脚跟，发劲不顺，怎么捶？左掌贴肘弯不护脉门，怎敢出拳？均为不妥。

# 质疑十一　如封似闭

《太极拳体用全书》第14页——“由进步搬拦捶，设敌以左手握我右拳，我即仰左手穿过右肘下，以手心缘肘护臂，向敌左手腕格去，如敌欲换手来按，我即将右拳伸开，向怀内抽拆，至两手心朝里斜交，如成一斜交十字封条形，使敌手不得进，犹如盗来即闭户，此谓之如封之意也。同时含胸坐胯，随即分开，变为两手心向敌肘腕按住，使不得走化，又不得分开，此谓之似闭。似闭其门不得开也，随急用长劲，照按式按去。眼前看，腰进攻，左腿屈膝坐实，右腿随胯伸直，合一劲，敌向击去。此为合法。”（图21）

图21　如封似闭

其中，“敌向击去”应为“向敌击去”；“合法”应为“合发”。

**【解惑释疑】**

杨公之意“敌向”为“朝敌人的方向击去”，同于

“向敌人击去”。“合法”理解为合于法度，即合于拳理规矩。古人的语义说法，与今人会有不同。

“如封似闭”是先求化解而后顺发的招术。化解体现在“十字封”格，顺发体现在“合闭”震击。

【动作演练】

由搬拦捶。设对手以左手握我右拳，我即仰左手掌，先外旋后缩穿过右肘下，再内旋下穿至掌缘（即小鱼际）朝前时向对手左手腕格去，同时将右拳松开变掌，向怀内抽拆而得以解脱。随即我两手心微朝前斜交成一十字手向前的封条，使对手不得进，就如给对手贴上了十字封条。这就是如封之意。同时含胸坐胯，退坐为左虚右实步，化解得以完成。

接着，我两手外旋下沉分开，进而变为两手掌内旋将对手肘腕托按住，使其不得走化，又不得分开。我先左变虚步侧退腰后引，复回腰前弓成左弓步，同时速以两掌缘（小鱼际）为轴，劲能集结于双掌大鱼际侧，迅速合劲闭出震击，犹似两扇大门封击。这是似闭顺发。

操作如下，即以右脚为根，腰带左腿虚提朝前进裆，落地屈膝坐实，右腿随胯伸直合一劲，成左弓步向敌击去。此为按发。注意左脚虚提进裆，是借自身重力矩前发按劲的妙招。

向前往上闭合按去，仍要做到“其根在脚，发于

腿，主宰于腰，形于手指，由脚而腿而腰，总须完整一气”地发放劲能达于敌身，眼观对手。（图22）

①进步搬拦捶

②叉掌十字封

③后引下沉

④进步合闭

⑤如封似闭

图22　动作演示

【练拳误区】

现今练拳往往不体现后引下沉，双掌斜交，掌缘（小鱼际）朝前迎对手的“十字封”，和随其后退，顺势而进，双掌由下而上开合掌“托按闭”的粘黏连随。借自重发劲也多不被拳友们习用。

# 质疑十二　十字手

《太极拳体用全书》第15页——“由如封似闭，设有敌人由右侧自上打下，我急将右臂，自右向上大展分开，身亦同时向右转，左脚与右脚合，两手由上分开，复从下相合，结成一十字形，全身坐在左脚，右脚即提起，向左收回半步，两脚直踏，如起势。此一开一合劲也。际我用开劲分敌之手时，正恐敌先乘虚由我胸部袭击，故我即结两手成一合劲，其时手心朝里，将敌之臂部掤住。如敌变双手按来，我即用双手将敌手由内往左右分开。手心朝上，或向下均可，唯结成十字手时，同时腰膝稍松，往下一沉，则敌所向之力，即自散失不整矣”。（图23）

图23　十字手

其中，何以要“两手由上分开，复从下相合”；“两脚直踏”。

【解惑释疑】

注意，“由上分开”是化解对手自上打下；“从下相合”是为掤架随后对手的右拳乘虚击我胸部而设；“全身坐在左脚，右脚提起，两脚直踏”，表明不是“双重”。

十字手是一化防的招术。先化右侧之直击，接防正面之劈击，我务必使对手的击劈意图不能得逞。

【动作演练】

由“如封似闭”。设对手由右侧向我进击，我急将重心全移至左脚，以左脚跟为轴，以虚点的右脚掌为支撑点，腰右转迅即带动右臂掌斜上内旋横化对手来拳，左臂掌缓随右臂掌助劲，左脚里扣右转90° 时，保持原弓步身高不变。

对手直击无效后即抽臂退步，我随即两手由上外旋分开跟随。对手又复进步抡臂自上而下劈击我头面部时，我又速从下合抄双臂，起身内旋结成十字手形，将对手袭我的臂部掤住，同时全身坐在左脚，右脚即提起，向左收回半步，两脚直踏，如起势，即两腿微屈保持左实右虚站立状态。不但可防对手臂的下劈攻击，且处于“我内敌外，我下敌上”的利我顺势，我更可两臂向前掤击，使对手退离或后倒。（图24）

①如封似闭

②上开化敌

③分展下收

④下抄合收

⑤上抄合收

⑥十字手

图24　动作演示

【练拳误区】

现今练拳往往过分下蹲，先把重心移到右脚，然后回移到左脚，再移回右脚，这是往右送打，不懂技法，不合拳理；两手回抄变成手指朝地的扫地形态，是疲塌、断劲，不是舒松。整套拳架除“海底针”外，掌指均不朝地，慎记。

# 质疑十三　抱虎归山

图25　抱虎归山

《太极拳体用全书》第16页——“由十字手，设敌人向我右侧，后身迫近击来，未遑辨别其用手，或用脚时，急转腰分开两手，踏出右步，屈膝坐实，左脚伸直。右手随腰向右方敌人腰间搂去，复抱回，左手亦急随之往前按，故右手先用覆腕搂去，旋用仰掌收回，如做抱虎式，倘敌人手脚甚快，未能为我抱住，但仅为我搂开，或按出。则彼复换左手击来，我即用捋式捋回”。（图25）

其中，“踏出右步”用意何在？“仰掌收回”少有人练；“抱虎归山名不副实。猛虎岂能抱，归山怎成行”？

**【解惑释疑】**

可能拳友不知右后扫荡腿摔跌虎扑妙招，功在跌虎骑打，不为抱虎。拳名有冠以“抱头推山”“豹虎归山”不一而足。其实，名不重要，借虎以示其威而已。此一技击招术，实为功于摔跌。第一招为右后扫荡腿，致右后偷袭者前进腿未落地之际，而使其前倾摔跌，类于虎扑落空摔跌；第二招为右抱左推拧旋晕眩摔跌；第三招为掤、挤、按动荡秋千摔跌。务必使其无立足之地，毕其功于一役。

不少拳友演练此拳架时，往往漏掉了杨公澄甫在《太极拳体用全书》中明确指出的“右手先用覆腕搂去，旋用仰掌收回”这一过程。

**【动作演练】**

由十字手，设对手向我右侧身后击来，我急以左足跟为轴重转，下蹲，左脚里扣90°的同时，左手外旋下抽转内旋上提至左胸前，掌指朝西，这是胸前上身的格挡护掌；同时我右手内旋下沉坐腕置于裆前，右脚虚点，成扣裆步，这是下身裆膝的拦护。

下沉扣裆步是要保护腰胁，即要里扣重转，避开对手右后侧手或脚的袭击，且要两手分开护裆。

随即，我提起右虚腿向右后扫荡踏出，使对手进击我而尚未落地的前脚失衡，致其向侧前扑倒。

若对手未进步中招，而以腿脚踢来，我即右掌覆腕搂去，扫开对手的腿脚，在其以后足为轴摆转时，乘其不备，可仰掌抱回其身，左掌内旋变立掌，朝右斜弓步方向进行按击，助右抱掌的发劲，使对手旋转仰倒。

随后，我接做拦雀尾的前搭手平掤、滚挤、按发，

使对手动荡失稳，我成右斜弓步。至此抱虎归山完成。（图26）

①十字手

②后扫荡

③仰掌抱回

④回捋

⑤虚进前挤

⑥抱虎按发

图26　动作演示

【练拳误区】

现今练拳往往少了左插掌护胸，“右手沉掌护裆步”；更不知“右脚扫荡踏出”后扫腿倒敌的功能；“右手仰掌抱回”与左推掌的扭挫发劲，使对手仰翻侧后倒。个别拳友“覆腕搂去”时，右手搂掌过高，无搂敌腿脚意识，更无“旋用仰掌收回”的操作与意识。

# 质疑十四　肘底看捶

《太极拳体用全书》第18页——“由‘抱虎归山’，如敌自后方来击，我即转身。其动作如上单鞭转身式，可参用。迨身将翻转正面时，左脚直向正面踏实，右脚即偏向右前，踏出半步，坐实时，则左脚提起，脚尖翘起，两手平肩，同时随身向左转，此时即用左手腕外平接敌人右手腕，向右推开，至其失却中定时，即将左手指下垂，缘彼腕间，向内缠绕一小圈，右手同时向左，与其左手相接，自上黏合。则彼之左右手都处背境，而失其所向。我即将左腕抑其右腕，右手急握拳，转至左肘底，虎口朝上，以蓄其势，向机而发，未有不应声而倒”。（图27）

图27　肘底看捶

其中，“两手平肩”和我“左手腕平接敌右腕缘敌腕向内缠绕”是何用意？

【解惑释疑】

何谓平肩，如何向内缠绕，未有交代。“平肩”不能看作是两臂伸直，仍应保持沉肩坠肘的荡动横扫拦化；向内缠绕即内缠勾手，将对手右臂勾开，以利右拳肘底进击。

“肘底看捶”中有一句“单鞭转身式，可参用”，很多人就练成了半个单鞭形式，忘掉了《太极拳使用法》中说的“速进三步才可打上”的操作。

其实，“肘底看捶”应练出“三步连掌”进击的态势。杨公澄甫在《太极拳使用法》第93页说：“用右拳打敌右肋，敌速退，我速进三步才可打上。”再无细说。

为此，笔者研究如何来实现这“速进三步才可打上”。经参阅有关资料和自身体验，试将“肘底看捶”的过程演练权作如下安排。

**【动作演练】**

由抱虎归山按发。如又有对手自我左侧后方进步用拳来袭，我即以右脚跟为轴，左转身犹如单鞭，转身时两掌内旋斜上扫开对手之拳。而后再回腰对付西方进击对手之拳，以两掌先外旋回腰收成右上左下，进而向西腰带右臂掌内旋向上滚提，左掌内旋向前进掌推出，成右实左虚的跟步，类似“玉女穿梭”，驱敌远离。才有回身向东速进三步对敌之举。

而此时，我后方（即东方）又有对手来偷袭，我即以右脚跟为轴，右脚左转里扣，两掌回落，左脚提起进裆，成左弓步；同时，使左掌前扑，右掌向右胯採沉，对拔发出“左扑掌”攻敌。此为第一步。

对手必用右掌拦接，我即左掌下切，内绕化对手右拦掌的同时，右坐腕掌外旋上提转内旋，经左臂腕向前上对拔发出“右扑掌”。与此同时，右脚上半步，由左弓步变成右实左虚丁字步。此为第二步。

对手必用左手拦接我右扑掌，我即以右掌缘向下切压，外旋回收逐步变拳，左掌外旋上提变内旋向前“穿掌”推出；右拳同时继续内旋收于左肘下成对拔“穿喉掌”击对手，而成右实左虚步。此为第三步。这就是杨公说的“速进三步”。（图28）

①抱虎归山

②里扣左荡

③右动提推

④里扣回收　⑤进裆前扑　⑥肘底看捶

图28　动作演示

【练拳误区】

现今练拳缺少向西的“驱敌”和向东的“速进三步”，以及连扑三掌之玄妙（即左弓步，左扑掌；左掌压沉，上右腿成丁字步，右扑掌；右掌下压变拳，左掌前穿进击，成左虚步肘底捶穿喉掌）。

# 质疑十五　倒撵猴

《太极拳体用全书》第19页——“接肘底看捶，设有敌人用右手，紧握我手左腕或前臂间，倘又以左手托住我肘底拳，则我先受其制，不得施展时，即翻仰左掌，用沉劲松腰胯，向左后回缩，左脚亦退后一步，屈膝坐实，右脚变虚，则敌之握力顿失。右手同时向后分开，至其失却握力时，急向前按去”。（图29）

其中，“翻仰左掌”何意；“敌之握力顿失”为何？

图29　倒撵猴

【解惑释疑】

注意，杨公的用词“翻仰左掌”很关键，这就是其螺旋抽丝劲动作的体现。当对手紧握我手时，只要我旋动翻仰左掌时，就将静摩擦转变为动摩擦了，即摩擦系数大大降低，大的握力只能产生小的摩擦力了，相当于握力顿失。

此式为“后退化敌”之中有反击的招术，不是一味地退，而是有退有进，起化解、阻截对手的功效。

【动作演练】

接肘底看捶。设有对手用右手紧握我手左腕或前臂间，倘又以左手托住我肘底拳，则我受其制，不得施展时，我速翻仰左掌，外旋向前（变静摩擦为动摩擦）用沉劲化之，以求解脱。若仍不得脱，即以右脚为支撑点，左脚向后虚退一步，产生很大的后牵力，则使对手的握力顿失，或使其被拔根失势前冲。我即以身腰带动左掌，内旋抽沉，向左后回缩，屈膝坐实左脚，右脚变虚收在左脚右前方，脚跟点地，踝关节放松。与此同时，我右手向后分展外旋，向右侧旋甩驱赶对手，头眼仍应注意正前之对手，不得转头向右后观望。右手从后甩到向前回按的过程，是不断外旋、内旋、外旋、内旋，圆转连续进行的。还要注意，右掌应是从耳旁而不是耳下回穿按出，且左肩要相应后让。我右臂掌内旋发出推掌与左掌后抽沉化同时形成对拔劲。（图30）

特别要注意：前掌的外旋仰沉前送，与后手的侧后旋甩，要形成对拔；同时前手的回引亦要与后手的前送形成对拔。眼神要关注对手，不可扭头后望。

①肘底看捶　②退步倒撵

③左倒撵猴　④退步倒撵　⑤右倒撵猴

图30　动作演示

【练拳误区】

现今练拳往往左掌不外旋仰掌，不向前沉送，而不得解脱；右臂侧后甩时回头观望右手掌，丢了关注前敌意识，且无绵绵不断地内旋外旋圆转运动；前手、后手运动无对拔劲意识；更不知利用虚腿后伸的自重牵引拔根作用。

# 质疑十六　斜飞势

《太极拳体用全书》第20页——“由前式倒撵猴，如敌人自右侧，向我上部打来，或用力压我右臂腕，我即乘势往下沉合蓄劲，随即将右手向右上角分展，用开劲斜击，同时踏出右步屈膝坐实。似成一斜飞式，其用意亦须称其势也”。

其中，描述与第42页——“右野马分鬃”类似，且拳照完全相同，似有错。

**【解惑释疑】**

确实如此，斜飞势拳架演练因历史“成书误操作（误植）”形成的状况一直延续至今，以致当今拳者均以“右野马分鬃”为“斜飞势”来习练。这是因为杨公澄甫的两本书《太极拳使用法》和《太极拳体用全书》中的“斜飞势”拳照均与“右野马分鬃”完全相同之故（图31）。今用笔者拳照补入，供参考。（图32）

①右野马分鬃

②左野马分鬃

③斜飞势

图31　三张拳照比对

图32　笔者演示斜飞势

为什么说这是历史“成书误操作（误植）”形成的呢？《太极拳使用法》是1931年文光印务馆出版的，所用的“斜飞式”拳照与“右野马分鬃”拳照完全相同。而借助同时拍摄的“左野马分鬃”拳照，与“右野马分鬃”拳照对比，可确定“右野马分鬃”拳照为《太极拳使用法》原书正确的拳照。因左、右野马分鬃是同时拍摄的（在1931年之前拍摄的），不可能左右野马分鬃都错。

1931年之前拍摄时很可能漏拍了“斜飞势”的拳照，而在1931年成书时急用“斜飞势”的拳照，董英杰未仔细审查误用了“右野马分鬃”拳照。

郑曼青编《太极拳体用全书》时（1933年），将文字予以改写，但却将《太极拳使用法》全部拳照原样套用，所以“斜飞势”的拳照就一直“误植”，用了“右野马分鬃”的拳照植入。

何故如此猜测，理由是：杨澄甫的两种不同拳势定型架必定是两次拍摄的拳照，“斜飞势”拳照与“右野马分鬃”拳照绝不可能一模一样，完全相同。而“右野马分鬃”拳照可以用同时拍摄的“左野马分鬃”拳照证实是正确的。那么，“斜飞势”用“右野马分鬃”替代就是误植了的。所以，用“右野马分鬃”演练来替代“斜飞势”演练，是历史性“误植”。

当然，有人会用杨澄甫青年时期的“斜飞势”拳照来证明，《太极拳体用全书》中的“斜飞势”拳照使用，同于“右野马分鬃”亦无不可。但是，随着时间的推移，杨公技艺必有精进，就如杨公自己所说：“且翻阅十数年前之功架，又复不及近日，于此见斯术之无止境也。”所以，要按杨公“近日”的语言文字描述来演练“斜飞势”为准。

为了弄清“斜飞势”确切该如何演练，只有借助杨公澄甫《太极拳使用法》中关于“斜飞势”的文字描述来进行。因为《太极拳使用法》一书是《太极拳体用全书》的母本。

杨公澄甫说：“接倒撵猴，如敌人自右侧面向我上部打来，我急用右臂向敌人右臂外侧掤，右足同时向右侧出步。如敌人用下压我臂腕，我即乘势往下稍沉劲，随即将左手上提，提至敌腕上面，手心向下贴合其右腕，往我左侧略施采意，左足暂坐实。随将右手向敌右臂下抽出，顺势用腕部侧面向敌上斜捌去，手心侧向里（“野马分鬃”手心向上朝天），右脚变实，左脚为虚，眼神随去，身亦右攻。则敌自歪而倒矣。”（《太极拳使用法》第29页）

这里，杨公特着重说：“……左手上提至敌腕上面……往我左侧略採……右手从敌右臂下抽出，顺势用腕部侧面向敌上斜捌去，手心侧向里……”注意，“左手（内旋）上提贴敌右腕往左侧採，右手从敌右臂下抽出（外旋转内旋），顺势用腕侧面向敌上斜捌去，手心侧向里”。这才是“斜飞式”的练法，完全不同于“右野马分鬃”。“右野马分鬃”是手心向上朝天的，成右弓步。（图33）

①右倒撵猴　②右转回收　③左实右虚

④虚送右脚　⑤虚进上挒　⑥斜飞势

**图33　动作演示**

《太极拳体用全书》中“斜飞势”，描述为：“右手向右上角分展，用开劲斜击”，与上述“用腕部……向上挒去，手心侧向里”的练法映照相符。

另据杨振基《杨澄甫式太极拳》第63页“斜飞势”中，“左为採手，右为挒手，松肩坠肘以右挒手向对手耳部打去”，旁证了上述《太极拳体用全书》中，“用开劲斜击”的部位为“耳部”，而非腋下（野马分鬃为击腋下）。现该到还原杨澄甫晚年“斜飞势”演练过程的时候了。这就是借助杨澄甫的语言文字来复原杨澄甫的拳架过程演练动作，更可借用杨澄甫青年时期套路拳照中的“左斜飞势”“右斜飞势”照片予以证明。（图34）

右斜飞势

左斜飞势

**图34　杨澄甫青年时拳照**

**【练拳误区】**

现今练拳往往把“斜飞势”练成“右野马分鬃”了。野马分鬃攻击目标是“腋下”，且右挒掌是手心朝上，虎口朝右；而斜飞势攻击目标是耳部或颈动脉，且右挒掌是手心朝下，掌缘即小鱼际朝右。这是两种不同形态的招式。

# 质疑十七　海底针

《太极拳体用全书》第22页——“由左搂膝拗步，设敌人用右手牵住我右腕，我即屈右肘坐右脚，转腰提回，手心向左，脚亦随之收回，胸尖点地。如敌仍未撒手，更欲乘势袭我。我即将右腕顺势松动，折腰往下一沉，眼神前看，指尖下垂，其意如探海底之针，此时虽欲採欲战，皆往复成一直力，不意为我一挫，则其根力自断，便可乘虚进击也”。（图35）

图35　海底针

其中，“胸尖点地”为排字之误，显而易见，应是“脚尖点地”“眼神前看”，应是“眼神下看”。

注意，“往复成一直力”似指牵我右腕，敌之右手为直进用力？我“折腰往下一沉”犹如直力横化！

【解惑释疑】

其实“海底针”有妙用，常用的为“沉折敌右臂重压倒伏；更有搬捶缠锁擒拿法，使之反筋背骨，跪地求饶之效”。

杨公在《太极拳体用全书》第22页中的图像和文字中明确指出的都不应违背。例如，“坐右脚；眼神前看；指尖下垂”。

如有拳友蹲得过低，似成双重；低头看地，丢失前观对手；手掌前指过远，而不下沉，不懂技法，均为不妥。更有使脊背近于与地面平行，以显功力了得，实属拙态。应以杨公形态为佳，不可一易。

“胸尖”是“脚尖”的排字错。“眼神前看”没有错。准确地说，应按傅钟文老师所说，眼神要时刻“关注对手”。

【动作演练】

由左搂膝拗步。对手用右手牵我右腕，我顺势将右脚跟进半步，屈右肘坐右腿，转腰提回右臂，手心向左内旋翻上托住对手右腕；同时，左手掌腕合扣对手的右肘，转成双手擒敌右臂肘腕的顺势。左脚微收虚点地，眼前看观注对手，协助右掌下沉，压对手伏倒。（图36）

①左搂膝拗步

②上步合手

③后坐牵臂

④合手擒臂

⑤沉插下压

⑥海底针

图36 动作演示

或采取搬捶缠锁擒拿法，即以我左手覆于对手右手背上，锁扣其掌指使不得脱，我右手稍引进以掌缘由下往上缠钩其腕桡骨处，两手随右腿前进半步，折腰沉裆，屈肘沉劲下採，带劲齐发，使对手反筋背骨，立跪于地，或向前扑俯。但不可过猛，勿折人筋骨。

【练拳误区】

现今练拳往往将右掌上提过肩后抽，露自己胸胁，易被动受对手攻击；再向前远伸下插过低，使自己处于背势；往往连带眼朝下看，不仰头朝前观注对手，毫无对敌意识，均不合拳理；更不知特技合扣搬捶、缠锁擒拿招术的运用。

# 质疑十八　扇通臂

《太极拳体用全书》第23页——“由海底针式，设敌人又用右手来击，我急将右手由前往上提起，至右额角旁，随将手心向外翻，以托住敌右手之劲，左手同时提至胸前，用手掌冲开，直劲向敌胁部冲去，沉肩坠肘，坐腕，松腰，左脚同时向前踏出，屈膝坐实，脚尖朝前，眼神随左手前看，右腿随腰胯伸劲送去，其劲正由背发，两臂展开，欲扇通其背，则所向无敌矣”。（图37）

图37　扇通臂

其中，“敌人又用右手来击”似有矛盾，只能设敌人摆脱擒拿后，而有此进击。

【解惑释疑】

此招为迎化对手的进拳和随之进击而设。右掌的迎化应置于额前，不能远离前额，更不能置于额后。进击左冲掌之掌根应对左肩。

**【动作演练】**

由海底针式。设对手摆脱擒拿后，又反用右拳击我右胸胁或头部。我即右臂微内旋上提至腕与肩高，掌心朝左化对手的右拳，托扣住其右腕；左掌心贴于右腕内，身体回正坐直，以左掌托住对手的右臂击来之肘，成双手托其右肘腕；随后，右掌继续向上，扭托对方手臂至己额前，并用左掌直劲向其胁部冲去，同时向前虚送左脚踏出，脚尖朝前，眼神随左手前看，右腿随腰胯伸劲送去，至左脚落地踏实止前冲限位。这是利用自重产生很大的冲掌劲能，使对手知难而退。

若对手未被所制，又欲屈肘向我下击，我即将左掌上托对手肘部，右掌速扣其腕后引，成反扣扭转擒拿，制其于背势，使对手横后摔跌。此为扇通其背，所向无敌。（图38）

①海底针

②提回正

③虚送上提　　④进裆托推　　⑤扇通背

图38　动作演示

【练拳误区】

现今练拳往往不知虚步前冲送掌发劲驱敌；更不知反扣擒拿变招侧后摔跌技巧。

# 质疑十九　云手

《太极拳体用全书》第26页中——“由单鞭式，设敌人自前右侧用右手击我胸部，或胁部，我即将右手落下，手心向里。即以我之腕上侧，与敌之腕下相接由左而上，往右旋转，复翻下向左行，划一大圆圈，如云行空绵绵不断。左手同随落下，手心向下，随往下向上翻出，与右手用意同。身亦随右手拗转，眼神亦随手腕看去，旋转照应，右足往右侧往左移动半步坐实，左足亦即向左踏出一步，成一骑马式。此时两手上下正行至胸脐相对，则右脚又变虚，向左移入半步，则续行第二式。唯变化虚实交互旋转时，万不可露有凹凸断续之意。此式之妙用，全在转腰胯，然后可以牵动敌之根力，应手翻出，学者其细悟之”。（图39）

图39　云手

其中，“右足往右侧往左移动半步坐实”中的“往右侧”三字是多余的。

【解惑释疑】

杨澄甫在《太极拳体用全书》“云手”一节中有这样一句话，即“右足往右侧往左移动半步坐实”。不少拳友提出疑问，认为“往右侧”三字是多余的，应改为“右足往左移动半步坐实”。

《太极拳体用全书》没有错，“往右侧”三字不是多余的，而且是非常精确的描述。你不妨仔细反复演练几遍，请注意从“单鞭”定式开始，以左足跟为轴重转里扣90°就会发现（若无右脚尖支点支撑，左足无法重转里扣）你的右足跟是离地的，且脚尖是点地的。并且右脚掌以脚尖为轴“往右侧”转动了，即是松踝关节而形成。然后，右足全部提起，往左移动半步坐实。

这也证实了“右足往右侧往左移动半步坐实”。杨澄甫的拳套演练，在此是“重转”变换的过程。这也说明《太极拳体用全书》中的描述用字是很细腻精准的，随意改动，往往会脱离杨公的用意。所以，我们应遵循杨公教导，一字一句揣摩练习，不要随意否定或改变。

云手运动过程中特别要注意，右手下抄过程，左手应同随落下，上下缠绕化敌，特要贯彻杨公所说：“两手上下运行要胸脐相对。”云手出于转腰带动，牵敌、横发，源于腰劲；保持横移步平稳运动，正身不得出现上冒、下落大幅度的起落现象。这要靠骑马步练就坚实的腿劲来实现。

【动作演练】

单鞭到云手的过渡演练时，由于不少拳友没有仔细阅读杨澄甫《太极拳体用全书》第26页中的拳照和语言文字，而有所偏离。大致分析如下：

第一，拳友们往往出现单鞭右吊手下落扫地的动作，即右吊手舒指变掌后，下摆掌指扫地，完全忘记了右手下落的化对手技击作用。

请看杨公语言文字的描述："设敌人自前右侧用右(左)手击我胸部，或胁部，我即将右手下落，手心向里，即以我之腕上侧，与敌之腕下相接，由左而上，往右旋转，复翻下向左行，画一大圆圈，如云行空绵绵不绝。"

其演练过程可解说为：单鞭时，我左弓步，右腰胁开。设对手自前右侧用左拳击我右胸胁部，我速将重心移至左脚，里扣90°，腰右转，是为空化对手来拳。同时，随将右手落下变掌，手心向里，即以我之右腕上侧，与对手的左腕下相接，由左而上，往右旋转，复翻下向右行，划一大圆圈，绕拦化之。

这是右吊手变掌内抄、上掤、下採，缠绕化敌的形象描述。我右臂掌腕下落的高度只能是在对手进击拳的腕下，即我胸胁处，绝不可向下扫地。

第二，拳友们往往出现单鞭左手推掌不知如何运作，即常将左掌横提于左肩往返移动或不动，而等待右吊手下抄，成为右手动、左手不动的呆板状态。

请看杨公语言文字的描述："左手同随落下，手心向下，随往下向上翻出，与右手用意同，身亦随右手拗转，眼神亦随手腕看去，旋转照应。”

可解说为：左手要与右手同时随动，落下，手心向下，往下向上翻出缠绕化敌，并与右手相合，身向右拗转，擒扣对手左臂肘腕。这是巧妙的技击操作，绝不是左手横在左肩游荡，无所事事。

第三，拳友们往往出现云手至身体面朝正南时，上掤手与下抄手上下不随、不对中，且下手心朝下，或掌指朝外或朝下的种种怪相。

请看杨公语言文字的描述：“右足往右侧往左移动半步坐实，左足亦即向左踏出一步，成一骑马式。此时两手上下正行至胸脐相对。则右脚又变虚，向左移入半步。”

此处杨公明确指出，“两手上下胸脐相对”，这是无可辨驳的，杨公的拳照亦明示无误。我们再注意杨公“右足往右侧往左移动半步坐实”的描述，是极其精准、惟妙惟肖的。

我们仔细试一试单鞭的右撑腿是如何提起的，必然是右脚跟先起，脚尖点地，“相当于右足往右侧移动，即松踝关节”，然后右足全部提起“往左移动半步坐实”。

第四，拳友们往往出现左右平移云手，腰胯不转。不知转腰横发，顺牵引发的技击内涵。

请看杨公语言文字的描述：“此式之妙用，全在转腰胯。然后可以牵动敌之根力，应手翻出。”

可解说为：我左右搭手擒扶对手左臂肘腕，腰胯左转，双掌向正南横向发劲而降住对手，这就是转腰横发；也可虚提左腿横跨出步，以右脚掌为支撑，靠自身重力矩，两臂牵对手左臂，腰胯左转引发，至左脚掌落地踏实而止，且可防止左引过冲，是为“牵敌拔根引发”。（图40）

①单鞭

②双手下抄

③右擒手

④左云手

⑤左擒手

⑥右云手

图40　动作演示

【练拳误区】

现今练拳，多数拳友无法安排左手的动作，当右手下抄绕转时，左手只在左肩旁左右浮动。理应与右手同随下，并与右手同步形成搭手；更不知还有双搭手扣敌肘腕擒拿这一招，转腰胯可发、可引；还有出现云手过程中，身板硬直不转腰，以及上下冒、落的怪相；更有两臂掌运行至胸脐中位时不上下相对，且下手掌指朝下或者朝外，此为断劲，且与杨澄甫拳照不符。均为不妥。

# 质疑二十　高探马

《太极拳体用全书》第27页——“由单鞭式，设敌用左手，自我左腕下绕过，往右挑拨，我随将左手腕略松劲，手心朝上，将敌腕迭住，往怀内採回，如上图。左脚同时提回，脚尖着地，松腰含胸，右膝稍屈坐实。同时急将右手由后而上圆转向前，往敌人面部，用掌探去，眼前看，脊背略耸，有探拔前进之意”。（图41）

图41　高探马

其中，“右手由后而上”应是“右手由后翻上”。

**【解惑释疑】**

因为多数拳友练习高探马时，都是采取“右手由后翻上”的操作，故有此疑问，认为应由后翻上。其实，杨公在此用词“而上”是很精确的。

拳友们在高探马的练法上多种多样，莫衷一是，有探索的必要。应按杨澄甫语言文字求索高探马拳架的演练过程。

现今流行的高探马拳架练法多有不同，将其罗列如下，仅作讨论。接单鞭开始。

步法上有：重心前移，后脚跟上，重心回落于后脚，再逐渐起立；

前脚提回，虚点地，重心落于后脚，随之逐渐起立。

手法上有：勾手变掌翻上，经耳旁平掌推出；

勾手变掌翻上，经耳旁切掌推出。

掌高至肩；

掌高至额。

前掌回沉至胯旁；

前掌回沉至腹前。

身法上有：转腰或不转腰；

扭头或不扭头。

进一步来看杨澄甫师公在《太极拳体用全书》第27页讲述“高探马”的过程演练，即“我将左手腕，手心朝上，将敌腕迭住，往怀内採回，左脚同时提回……右膝稍屈坐实。急将右手由后而上圆转向前，往敌人面部，用掌探去，眼前看”。

其中，“我将左手腕，手心朝上，将敌腕迭住，往怀内採回”，结合杨公拳照观察，是左手叠沉回採至腹前。

“左脚同时提回……右膝稍屈坐实”，表明“重心不能前移，必须是前脚提回”。

“右手由后而上圆转向前”，是右手由后先下后上，（外旋转内旋）圆转向前的精妙演练。这可由杨澄甫语言文字来证明。即杨公所说的“右手由后而上”，是由后先下后上，而不是由后翻上。否则，将如“十字腿”中描述的“我即将右手抽开，至左手腋下，随将左掌向敌胸部冲去，急将身向右正面拗转。左臂同时翻上屈回”。（《太极拳体用全书》，杨澄甫，第54页）

据此，“右手由后而上”，按前后文理一致，应改写为：“右手由后翻上”。高探马并不写“由后翻上”所以说“由后而上”不是“由后翻上”。

勾手变掌翻上，经耳旁平掌推出；勾手变掌翻上，经耳旁切掌推出。这种练法，形成胸胁、腰侧的长时间暴露，与“勾手由后下落而上，圆转向前探出”的护身拳法，是无可比拟的。

左手腕将敌腕迭住採回，右手由后而上圆转向前用掌探去。且左手採沉与右手探掌形成对拔之发劲。这是螺旋缠丝劲的精妙体现，于此可见杨公拳法的致臻完满，不可一易。且杨公说的“扑面探掌”，远比平掌、切掌要顺劲自然，迅猛无比。

掌高至肩；掌高至额。杨公说的是：“右手由后而上圆转向前，往敌人面部，用掌探去，眼前看。”强调的是往敌人面部探去，明确是扑面掌。指肩、指额均不是杨公原意，而是看准敌人的面部扑去。扑面掌，绝不是平掌、切掌。

转腰或不转腰；扭头或不扭头。杨公说的是：“急将右手由后而上圆转向前，往敌人面部，用掌探去，眼前看，脊背略耸，有探拔前进之意。”这右手圆转向前的外旋、内旋，必然需有腰的带转，才能形成探拔发劲。

杨公还明确说：“眼前看，脊背略耸，有探拔前进之意。”表明眼睛必须关注前方对手，绝不可扭头回看后手。

【动作演练】

由单鞭，此时，我左弓步，右腰胁开。对手用右掌横挡我左掌腕往外拨开进击，我即将左掌外旋，松腕，使手心朝上转内旋迭住对手的右腕往怀内採回，成“我内敌外”之顺势。同时，向后提回左脚，右膝稍屈坐实，急将右手由后而上，即由后先下再上，以护右腰胁。下时外旋，过腰时内旋往上圆转向前，向对手面部用掌探去。这是螺旋缠丝劲的精妙体现，且左手採沉与右手探掌形成对拔之发劲。（图42）

①单鞭　②吊手下落　③退脚收手

④右手变掌　　⑤圆转向前　　⑥高探马

图42　动作演示

【练拳误区】

现今练拳往往将右吊手变掌翻上向前，使自己右腰胁长期暴露，极不可取；还有人前探臂掌过低，与“高探”名不符实；也有不遵守杨公“眼前看”的教导，而扭头眼看后手；更不遵守杨公明示“右手由后而上圆转向前精妙的螺旋缠丝劲，往敌人面部，用掌探去”的教导。均为不妥。

# 质疑二十一　左右分脚

《太极拳体用全书》第28页——“由高探马，设敌人用左手，接我探出之右腕，我用右手腕，压住敌之左肘。垂肘沉肩，即将敌左臂向左侧捋回，同时左手黏住敌人左腕。手心向下暗施採劲，左脚同时向前左侧迈去半步，坐实，腰向左斜倚。随将右脚提起，脚尖与脚背，平直向敌人左胁踢去，同时两手掌侧立。向左右平肩分开，以称分脚之势，眼亦随右手看去，含胸拔背，定力自足，则敌势不能自支矣”。（图43）

其中，“手心向下”有错，应是“手心向上”。

图43　左右分脚

**【解惑释疑】**

我们体会一下杨公这里的操作，带有螺旋缠丝反关节擒拿妙招，不易体悟。试想，当我用右手腕压住对手的左肘，坠肘沉肩，即将对手的左臂向左侧捋回，同时左手黏住其左腕之时，我双手擒住其左臂，反拧其左臂，成肘腕反臂擒拿，使对手无以解脱。此时，我左手心向下暗压对手左腕，右手掌上托其肘关节成反手擒拿。可知杨公动作之敏捷，且十分厉害。

**【动作演练】**

由高探马。设对手用左手接化我前探的右扑面掌。我即用右臂、掌沉压对手的左肘，掌心斜向下，向左侧捋回，同时左手掌速托扣其左腕，双手擒採其左臂肘腕；并以右脚为支撑，虚左脚向前左侧迈半步，坐实左脚，成左斜弓步。至此，我左手腕托扣对手左手腕，右手掌心向下，斜压其左手肘节，成擒拿之斜捋。继续，我腰向左斜倚，重心落于左脚，随起右脚，脚尖与脚背平直向对手左胁踢去，为正东方。在坐实的左腿逐渐伸起直至微屈，腰带回收右脚的过程中，右脚就绵绵不断地平直向对手踢去，这样发劲送出的能量大而迅猛。这才是绵绵不断，上下相随，一气呵成。切记不可演练成，将右脚先屈膝吊脚提起，然后再向敌踢去。

当我两臂左捋对手左臂时，对手后化，复以右手击来，我即两掌、臂合十上提，过顶向上架开，与分脚同时前后对拔，平肩劈掌侧立，掌根略高于肩。这称为分脚之势，眼观对手，含胸拔背，定力自足。

前后劈掌，两臂内合成135° ，以合含胸拔背。前掌既为进击掌，也为解控掌；后掌为对拔平衡掌。这就是右分脚的过程演练。

若对手以左臂掌挡化我右劈掌，又以右手推化我右分脚攻击。我即右掌外旋下切对手左臂往右沉搂，配合我左腿下蹲，虚送右脚往东南方进步踏实成右弓步。同时，我左掌外旋回收，经胸腹下沉变内旋，与右手配合擒拿对手原先推我右脚的右臂肘腕，可发可引。

若对手后退收手求化，我即移重心于右脚，收左脚向前跟进，双手将对手右臂提高张开，左脚顺势平直踢向其右胸胁部。此为左分脚，要一气呵成。（图44）

①高探马　②两手右侧捋　③重心左移

④合抄上架

⑤右分脚

⑥回收落右脚

⑦左侧捋

⑧双手合抄

⑨上架　　⑩甩踢左脚　　⑪左分脚

图44　动作演示

【练拳误区】

现今练拳往往分脚不朝正东对手腰胁，而朝东南或东北的无人方向，缺少对敌意识；分脚先提膝吊脚后，再分脚，缺少甩踢之劲；平肩劈分掌变成了推掌，且掌根低于肩，偏离杨公拳姿。均为不妥。

# 质疑二十二　进步栽捶

《太极拳体用全书》第32页——“由右搂膝拗步，设敌又用左腿踢来，我即用右手顺敌腿势由左搂去，则敌必左仆。我即将左足同时向前一步追去，屈膝坐实，右手随握拳，向敌腰间或脚胫捶去皆可，是为栽捶。其时右腿伸直，腰跨沉下成平曲形式，含胸，眼前看，尤须守我中土为要”。（图45）

图45　进步栽捶

其中，“用右手顺敌腿势由左搂去”，应为“左手”。

【解惑释疑】

杨公没有写错，应用右手。如用左手，慢而不妥。

杨澄甫在《太极拳体用全书》“进步栽捶”一节中，叙述为“由‘右搂膝拗步’，设敌又用左腿踢来，我即用右手顺敌腿势由左搂去，则敌必往左仆”。而不少拳友习惯练成“右侧身，左手旋沉下搂，同时进左腿，收右掌变拳栽捶。还说《太极拳体用全书》中用右手错了，应是左手。

《太极拳体用全书》在此处没有错，是拳友们的习惯错了。请注意，原先状态是“右搂膝拗步”，右手就在右膝旁，对手用左腿踢我右部，我用右手搂对手的左腿进行化解，是最敏捷、合理的操作。如果要按拳友们习惯用左手来搂对手的左踢腿，会是什么状况？

当“右搂膝拗步”时，我右搂膝掌是格化掌，左手掌是进击掌，左手进击掌势必受到对手化解掌控，不易脱控转去搂化对手的左踢腿，是其一；就算巧能脱控，我左掌要转去搂化对手左踢腿的路径也较远，来不及去化解其左踢腿攻击，是其二；且这样操作势必向右侧转腰，重心右移，极易被对手用右掌或右拳击倒，是其三。所以说，用左掌转腰去搂化对手的左踢腿是不恰当的。

**【动作演练】**

由右搂膝拗步。我横化对手左拳后，对手却用左腿踢来，我即用右掌顺其腿势左搂去，使其左仆。这是右掌外旋转内旋向左回搂对手的左腿使之左仆，既便捷、快速、稳定，又不同于一般右拳外旋后抽的打法。

当对手避开我右手左搂，而向后撤退时，我即进左足追击，屈膝坐实成左弓步，同时为防其右手、右脚的回击，我以左手外旋转内旋的格、沉，搂化之，而护前进之左脚，同时右掌速握拳内旋向其腰间或脚胫捶去，是为栽捶。

注意形态为：腰胯沉下成躬身含胸向前平屈形式，捶向下栽。不可把45°下击栽捶打成向前的平捶或向上的勾形捶，应保持模仿杨澄甫师公拳照原态为准。（图46）

①右搂膝拗步　②转腰上步

③跟步沉掌　④收拳虚进　⑤进步栽捶

**图46　动作演示**

**【练拳误区】**

现今练拳往往丢掉了“右掌顺敌腿势由左搂去”，变成“右掌外旋后抽”，而又无化对手左腿进击之招；更有人把45°下击栽捶，打成向前的平捶或向上的勾形捶，都不可取。应保持杨公原态。

# 质疑二十三　左右打虎式

《太极拳体用全书》第35页——“由右蹬脚，设敌人由左前方，用左手打来，我将右足落下，与左足并齐，左右手随向左侧转，左脚往后踏出，屈膝坐实，右足变为虚，略成斜骑马裆式，面向侧正方。两手同时荡拳随落随往左合，即用右拳将敌左腕扼住，往左侧下采，至与心部相对。左拳由左外翻上，转至左额角旁，手心向外，急向敌人头部，或背部打去。此式以退为进，忽开忽合，意含凶猛，故谓打虎式也”。（图47）

其中，何谓“荡拳左合”“右拳扼住”？

图47　左右打虎式

【解惑释疑】

“荡拳”者，即两手均需握成拳，拳心上下相对，扣擒敌之左手臂肘腕往左牵採谓之“荡”；“扼”者，用手掌五指紧抓敌腕，扣压擒拿谓之“扼”。

“荡拳”是双手左牵採沉对手的左臂，“扼”是右手单臂折腕擒扣对手的左臂，而能松开左臂，使拳外开上翻旋甩，击对手的头部，其势之猛，犹如武松打虎。

我们要特别体验杨公在《太极拳使用法》第41页中的描述：“两手同时落下，随落随往左合，转用右手将敌左腕扼住往左侧下採，左手变拳由左外翻转上招至左额角旁，手心向外，急向敌人头部或背部打去”（左打虎式）；以及第42页中的描述：“两手同时随落，随往右合，转用左手将敌右腕扼住，往右侧下採去，右手变拳由右外翻转上招至左额角旁，手心向外，急向敌人头部或背部打去”（右打虎式）。

为什么杨公要说“两手同落往左合，转用右手扼住敌左腕下採，左手变拳翻转上招至左额角旁”呢？因为原先右蹬脚时，两臂掌是前后平开的。杨公采取第一步：两手同落往左合，就是将左手往左与右手一起落下擒按住对手左臂肘腕，才能牵动对手往我左后跌冲；第二步：进而才有可能转用右手扼住对手左腕下採，致使对手腕折跪降；第三步：也只有此时，左手才能脱开变拳翻转上招击对手头部。

可见杨公的拳路是多么严密，步步紧随，不可一易，左右同理。

【动作演练】

由右蹬脚。设对手退避化开我右蹬脚后，复从我右前方用左手进击，我即将右足落下，横踏于左足旁，左手右合，两手同落顺势擒捉对手的左臂肘腕，随向左侧转，微下蹲以右脚为支撑，虚左脚往左后踏出一步，即向东北方略成斜骑马裆式以牵其左冲，面向侧正方。在左牵对手左臂左冲过程中，两手同时随落随往左合，而用右掌将其左腕扼住，往左侧下採，至与腹胯相对。速松脱左掌，由左外内旋翻上成拳，转至左额旁，手心向外，抡臂向对手头面部用拳面冲去。

只有右足落下踏实为支撑，且左脚往后虚送踏出的同时，才能双手锁扣对手的左手肘腕，向左侧下牵引、左脚虚送才能产生大的自重牵引力，使对手往左侧前冲，朝向西北角，我为左斜弓步。继而我右掌顺移至对手左腕往左下拗採，这时，左掌才得以变拳，由左外内旋翻上，抡臂向对手头面部打冲去。

两臂擒敌左臂向左牵冲，右掌拗採沉敌腕，是此招成功之关键。抡打头面显效果，此为左打虎式。

若对手未受我制，退走后复从我右后用右拳进击，我即右转腰里扣左脚，稍收右脚成左实右虚步；同时两拳松开，外旋变掌置于胸腹前，两掌心均斜朝上如捧球状，能转化对手的右拳，并擒闭其右臂肘腕。随后，虚送右腿朝东南方牵对手侧冲，接着用我左右掌腕合拗、採沉其右腕至我右膝旁，此时我右脚落地成朝向东南的右斜弓步。速脱右掌变拳，内旋环甩以拳面袭击对手的头面部，形成右打虎式。（图48）

①右蹬脚

②双手右落

③平落擒敌

④牵敌左冲

⑤左打虎式

⑥回腰沉化

⑦出步牵敌

⑧牵敌右冲

⑨右拳甩打

⑩右打虎式

图48　动作演示

【练拳误区】

现今练拳往往不懂虚步牵引，而不能拔根引动敌身；更少有人练掌指擒拿功，使此式应用受限。不少拳友在左右打虎定式弓步的指向多有偏离。应为：左打虎的左弓步朝向西北；右打虎的右弓步朝向东南。两弓步成一对反向平行线。

按《太极拳使用法》中杨公的拳照，左右打虎式两拳的拳眼均应是上下相对的，不应练成下拳为拳心朝下的盖拳。

# 质疑二十四　双风贯目

《太极拳体用全书》第37页——“由回身右蹬脚，设敌人自右侧，用双手打来，我即将左脚尖稍向右移转立定，右脚同时向右侧悬转，膝上提，脚尖垂下，身同时随转至左正隅角，速将两手背由上往下，将敌人两腕往左右分开迭住。随将两手握拳由下往上，向敌人双耳用虎口相对贯去，右脚同时向前落下变实。身亦略有进攻之意方可”。（图49）

图49　双风贯耳

其中，“由上往下，分开迭住”“由下往上，虎口贯去”，似乎表明两手是上下小弧线运动，不像多数拳友们两手甩开绕圈去贯耳；且说拳架“双风贯耳”实为“双峰贯耳”之误。

【解惑释疑】

按杨公所说“两手握拳由下往上向敌人双耳用虎口贯

去”，是由下往上的进打，不是双手向外甩开的意思；由收右蹬脚悬提，同收双臂，借右腿开胯外摆与左脚尖右移向右侧悬转至东南立定，速将两手背由上往下，将对手的两腕往左右分开叠住，成“我内敌外”顺势。对手若后撤，我将右脚前落变实成右弓步，两手握拳由下往上向对手双耳用虎口相对贯去。

杨公用双风而不用双峰的内涵极深，说的是：即使双拳受阻，拳未能触及对手之耳，而双拳拳眼的劲风亦将震击其耳，使其受惊不已。

不少拳友在双拳上贯时，多采取双拳由下向外甩开而上的练法，是错误的。杨公在《太极拳使用法》只是说“两手握拳由下往上向对手双耳用虎口贯去”，并无双手向外甩开的意思。

**【动作演练】**

即由回身右蹬脚。设对手自右侧用双手打来，我即收右脚悬提，同收双臂，借右腿开胯外摆与左脚尖右移向右侧悬转至东南角立定。速将两手掌腕由上往下，将对手的两腕往左右分开迭住沉化，成“我内敌外之利我”局势。对手感到受控即往后退，我将右脚同时向前落下变实成右弓步，随即两手握拳由下往上向对手双耳用虎口相对贯去，这是由下往上的进打。

特别要注意：两手握拳由下往上，不可往外再往上相对贯去。否则，将成为我两臂拳在外，敌两臂拳在内，反成敌顺我背之态势，切记。

从收双臂、右腿悬提摆转，两手掌腕由上往下，沉化对手进击的两臂腕，到虚进右腿成右弓步，两手握拳由下往上发劲，向对手双耳用虎口相对贯去进击，眼观对手，是极为精妙的化、打操作意态，必须绵绵不断，一气呵成。

注意杨公拳架的用词，用“双风贯耳”，而不是“双峰贯耳”，这里杨公要体现“用虎口相对贯去”时，双手拳眼贯出的劲风。即使双手被对手格挡，拳眼贯出的劲风，亦将震慑对手。（图50）

①右蹬脚

②双手下落

③仰掌沉化

④进步上合

⑤双风贯耳

图50　动作演示

【练拳误区】

现今练拳往往将贯耳的双拳由内往外甩开，绕一个半圆往上击打，实不可取，一是击打的弧形路线过长；二是我头胸前露易受攻击；三是“敌内我外”致成背势。有人在右弓步完成后再双拳上击，更不合拳理。这样缺少了虚进右腿由低到高，一气呵成、绵绵不断的连续发劲。

# 质疑二十五　转身右蹬脚（内转270°，换脚）

《太极拳体用全书》第39页——“由左蹬脚，如有敌人从背后左侧打来，我急将身往右后正面旋转，左脚同时随身转时收回往右悬转，落下坐实，脚尖向前。此时右脚尖为一身旋转之枢机，两手合收随身至正面时，急用右手腕将敌（左）肘腕黏住，自上而下，向左捌出，右脚同时提起，向敌胁腹部蹬去，左右手随往前后分开”。（图51）

图51　转身右蹬脚

其中，“敌人从背后左侧打来”似应为右侧？旋转时两手合收的用意何在？

【解惑释疑】

“敌人从背后左侧打来”没有错，见其后述“用右手腕将敌（左）肘腕黏住，自上而下，向左捌出”。所以要以“右脚尖为一身旋转之枢机，两手合收”，快速旋转以应对手。

拳友初练时有此想法不足为奇，通常经过练习实践，会有更深体会，感到杨公教导有理。因为，随腰转动时，两手臂往内收合，易于并加快转动；立定蹬脚时，两掌左右侧立，平肩分开，则为技击和平衡所需。根据运动力学 $M=I\omega$ 可知，系统受旋转力矩驱动后，使具有转动惯量 $I$ 之物体，产生角速度 $\omega$ 转动。系统受旋转力矩驱动后，$I\omega$ 之乘积恒定。当物体的转动惯量 $I$ 变小时（即原先伸开的双手，由外往内合，转动惯量 $I$ 就变小了），其角速度 $\omega$ 就加快，而易于转动。可见，杨澄甫的教导既符合拳术实践，也与运动力学吻合。

演练此转身右蹬脚，需要有前后迎敌的意识，进退、旋击、蹬劈才有所作为。

**【动作演练】**

由左蹬脚将前面对手驱离后，设又有对手从背后左侧进击。我急以右脚尖为轴，利用左脚外摆回收、两掌外旋合收，将身往右后正面旋转270°，以臂、腿、膝旋击左后的对手，使之退离。至左脚落下坐实，脚尖朝向东北。换腿，右脚虚提，屈膝、上勾脚掌，两手随身转合收于胸前，以响应原先驱离的正面对手。

我急用右手腕自上而下，与左手相合将对手左肘腕缠绕黏住，向左上捌出，使其左腰胁暴露，我即提起右脚向其腰胁部蹬去。随即，左右手随往前后劈分，眼观对手，以称其势。（图52）

①左蹬脚

②右蹲左脚伸

③左脚甩转

④左脚回落

⑤提手上架

⑥转身右蹬脚

图52　动作演示

**【练拳误区】**

现今练拳往往不知利用手脚摆收带腰回转，而凸现跳转，或多次跳转，均为不妥；更无前后驱敌和应敌意识。拳者应以意领气，以气运劲，化发结合，方能随心所欲。

# 质疑二十六　野马分鬃

《太极拳体用全书》第42页——“由斜单鞭，设敌人自右侧，用按式按来，我即将身向右转，左足亦向右移动，右足脚跟松同，脚尖虚点地。随用右手将敌左右腕黏住，略往左侧一松，用左手挒（採）其右（左）手腕。同时急上右足，屈膝坐实，左足伸直随用右前臂向敌腋下分去，则其根力为我拔起，身即向后倾仰矣。此时左手亦须稍从后分开，用沉劲以称右手之势”。（图53）

其中，“右足脚跟松同”应为“松动”。

图53　野马分鬃

【解惑释疑】

的确，松“同”与松“动”，因是“近音”字，排版捡字时可能出错。现在人打字可能会错，古人手写一般是不会错的。

【动作演练】

由斜单鞭。设对手自右侧用左拳向我进击，我即将身向右转，左脚掌里扣坐实，右脚收回虚点地。我右吊手变掌外旋下沉将对手左手臂腕黏扣住，左掌同时外旋随腰回转朝正西向对手发一扑面掌，成左右掌上下抱球状。若对手以右掌化挡我扑面掌，我即虚进右腿以肩臂一起向西进靠发；若对手仰退，我即用左手替换右手採扣其左手腕，同时急上右足成右弓步，用我右臂掌向前掤发；也可随用右前臂向对手腋下分挒发劲。这是左採右挒弓步发劲，眼观对手，也就是靠、掤、挒三步连发。

右吊手的下沉黏扣，虚进右腿的肩臂进靠，右臂掌的前掤和分挒转换，务求顺其自然，绵绵不断。

“由斜单鞭，设敌人自右侧，进左步用左手打来，我即将身右转，抽回右足，脚尖虚点地，随用左手将敌左腕牵住，往左侧下略有採意。同时急上右足，屈膝坐实，左足变虚，随用右腕向敌腋下分去”。这是右野马分鬃。

若对手趁我右臂掤、挒之左臂尚未得手时，即以右臂掌来化解。我即重心移至右脚，变右挒手为内旋绕採对手右腕，加以擒扣。同时，我左臂掌插入对手右臂腋下，与我右臂上下成抱球状，随即虚进左脚，向前（即西方）做“靠、掤、挒三步连发”。这是左野马分鬃，仿同于右野马分鬃。（图54）

①斜单鞭　　②里扣抱球　　③右野马分鬃

④右转抱球　　⑤肩前靠　　⑥左野马分鬃

图54　动作演示

【练拳误区】

现今练拳往往在形成抱球状时，会出现过抱现象而成背势，实不可取；更不知还有靠、掤、挒三步连发。

# 质疑二十七　玉女穿梭

《太极拳体用全书》第44页——“由单鞭式，设敌人从后右侧，用右手自上打下，我即将身随左脚同向右方翻转，右脚随即提回，落在左脚前，脚尖侧向右分开坐实。左手收回，合于右手腋下，随即护绕右上臂，穿过右肘，即用掤劲，向左前隅角上翻去。将敌之手腕掤起，左脚同时前进，屈膝坐实，右腿伸直。右手即变为掌，急从左肘下穿出，冲向敌之胸胁部击去，未有不跌。此式左右手相穿，忽隐忽现，捉摸不定，袭乘其虚，故曰玉女穿梭。以喻其势之巧捷也”。（图55）

图55　玉女穿梭

其中，“将敌之手腕掤起”，应为“将敌之右手臂掤起”。否则，仅对手左手腕被掤起，其左手肘仍能下垂护其“胸胁”，有碍我右掌进击。

**【解惑释疑】**

的确，拳友这一疑问很有道理。那杨公为何如此写呢？因为杨公惯用螺旋缠丝滚动提掤，尽管起先接触手腕，一经滚动朝前，自然过肘而到上臂，使整个右臂得以掤起，为我右掌进击创造了条件。所以，杨公的写法是符合他自己习惯动作的，可以说没有错。

文中说的“左前隅角”，是对练者自己而言的。按面南开始练拳为准，这第一个“玉女穿梭”的掤推方向，应是“西南”隅角。

此招为四隅角的回旋，提、推、化、发连环操作。提是化，推是发。要熟练“同臂提化”，即我左掌腕提对手左臂掌，右掌腕提其右臂掌，才不会受敌反击。千万不能“异臂提化”。此四联动的回旋重心以脚跟为轴，要像户枢正直转动那样，稳而不晃，且发劲时，后脚跟要内扣，不得欠起外踝。

**【动作演练】**

由单鞭式。设对手从后右侧用右拳向我进击，我即由左弓步急将身随左脚重转里扣坐实，同时回提右脚成左实右虚的坐步。这是一让空动作，有使对手扑空之意。在此过程中，右吊手外旋变掌圆弧下抄复内旋上提至肩前，沉肩坠肘，起到护我腰胁和挡化对手右拳的作用。同时，我左掌外旋上提随身回转，圆弧内旋下切，採格对手随后打来的右拳，而置于我右手腋下，转腰、开胯提右腿朝西虚进，成右弓步进转成右坐步，左脚跟进虚点偷步，双手发劲，将对手朝西或西南方向驱离。我左臂掌随即护绕右上臂，过右肘内旋下切坐腕沉掌于腹前，面向西南，形成进攻态势。若对手此时回步换用左拳击我，我速以左臂掌用掤劲，向前隅角（即西南角）内旋滚提翻上至对手的左肘部，将其臂腕掤起，左脚同时虚进，屈膝坐实，右腿伸直，成左弓步。随后，我右掌内旋从左肘下穿出，向对手的胸胁部冲去，眼观对手。冲掌必须“到而不过”，即右掌穿冲到左脚虚进，落地为止。这是第一个右穿梭。

设我驱离西南的对手后，身后又有对手以右手劈头打来。我即以左斜弓步的左脚跟为轴，收右脚回腰实转，成左实右虚坐步。同时，我左臂外旋下沉与右掌外旋合收于胸前，成十字手，随用右腕接对手右臂向外黏住，滚提翻上向右侧掤起至其右肘部，随将左掌向其右胁冲去。我右脚同时向后右侧踏出一步，屈膝坐实，身随向后往右拗转，成右斜弓步，朝向东南。我右手将对手右手臂掤起，是采取转腕滚掌的提掤手法，使对手的胸胁暴露，利于我左掌的内旋进击。这是第一个左穿梭。

其后，第二个右穿梭朝向东北；第二个左穿梭朝向西北。玉女穿梭四式为四个隅角，万不可错。（图56）

①单鞭

②跟步沉掌

③右穿梭一

④跟步沉掌

⑤左穿梭二

⑥虚进沉掌

⑦右穿梭三

⑧虚进沉掌

⑨左穿梭四

图56　动作演示

【练拳误区】

现今练拳往往将托掌与推掌演练成一个平面，达不到进击目的。更有人将后脚跟外蹍后泄，形成陋习，不合拳理。均与杨公拳照不符。

# 质疑二十八　单鞭下势

《太极拳体用全书》第47页——“由单鞭已出之左手时，如敌人以右手将我左手往外推去，或用力握住。我即将右腿稍向右分开，往后坐下，左手同时用圆活劲收回胸前。或敌用左手来击，我急用左手将敌左腕扼住，往左侧下採亦可，右腿与腰胯同时坐下。以牵彼之力，而蓄我之气”。（图57）

图57　单鞭下势

其中，何谓“左手同时用圆活劲收回”？“右腿与腰胯同时坐下。以牵彼之力”，何由而生？

**【解惑释疑】**

此问有理。“圆活劲”表现在对手用右手紧握我左手时，我采取外旋后抽、内旋前穿的手法，变静摩擦为动摩擦而得以解脱，这是巧解强势抓握；“牵彼之力”来源于重力矩牵引，只要借助左前足贴地摩擦点为支点，利用右后腿与腰胯同时坐下产生的强大拔河牵引力，必能牵对手前冲。

“单鞭下势”演练因人而异，即使名拳师也各不相同。请注意，从单鞭开始，左掌向后内旋上提，直到右胸前，然后随胯下沉至右腹前，左掌再外旋随腿前穿。我们注意到，原始单鞭的左推掌是进击掌，势必被对手化解或擒拿，不可能轻易向后上提缩回，且将左胁暴露于对手也不可取。而上提后拉牵对手前冲，为蛮力硬拼，费劲而不讨好，实非妙招。但有不少拳师确是如此演练。

再注意，右勾手上步动作，松勾手反掌后，勾置于右腿臀部也不利于随后的进击出手。

那该如何演练“单鞭下势”？请看杨公在《太极拳使用法》第53页，“由单鞭已出之左手，如敌人用力握住，我即将右腿与腰身往后坐下以牵敌。”这里没有、也不可能将左手上提后翻。这在同页杨公拳照也已确证。（图58）

左手掌指始终朝前

右勾手掌指朝前穿出

**图58　单鞭下势左右手示意图**

【动作演练】

由单鞭。我左推掌若被对手用力握住，我即将右后脚掌外撇90°，以左前脚为踏地的支撑点，虚右脚，全身向后下蹲形成很大的牵引力，这一后牵仆步将使对手失势前倾。与此同时，我左掌松腕外旋随势将对手的腕部扼住往后往下牵沉，外旋（动、静摩擦系数有别）也有利于我掌之顺势解脱。

对手感到失势后收时仍未松手，我左掌顺势内旋回送追击，由后牵仆步变前进弓步送之。这就是下势的“一牵，一送”，即左掌外旋后牵，内旋前穿追送。显然，我左手掌指一直保持朝前，右吊手也同时变掌外旋下穿朝前跟进。此处绝无右勾手反掌后将勾置于右腿臀部，也不利于进击出手。（图59）

①单鞭

②右脚外撇后引

③左掌外旋后牵下沉

④左脚外撇重心前移

图59　动作演示

下势招术的重点在于后牵沉化，随势跟进送发。所以，不少拳友后坐时，左掌上提后翻是错误的。

**【练拳误区】**

现今练拳往往左掌外旋向上翻后，再内旋下搂朝前，像是在做体操，毫无拳势可言。横臂上翻后拉时，用的是蛮力，是不可能牵动对手向后的；这样同时把左腰胁暴露给对手，破绽太大，不合拳理。应严格模仿杨公拳照，不可更改。

# 质疑二十九　金鸡独立右式（右式左独立）

《太极拳体用全书》第48页——“由单鞭下势，如敌人往回拽其力，我即顺势将身向前上攒起，右足随之提起，用足尖向敌腹部踢去，右手随之前进，屈肘，指尖朝上，以闭敌人之左手。此时左脚变实，稳立。右手随进时，或牵制敌人左右手亦可，不必拘执”。（图60）

图60　金鸡独立右式

其中，“攒起”如何解释，“右手屈肘闭敌之左手”如何操作？

**【解惑释疑】**

“攒起”理解为借势而起，即借对手之能量，蓄势而起；“屈肘闭敌”实质上是右掌上托对手的左肘，使其处于背势而被封闭，且随我而为也。

不少拳友演练此式时，漏掉了托对手肘这重要的一招。杨公在《太极拳使用法》第54页中，“右手随之前进，屈肘指尖朝上以闭敌人左手”及“左手托敌肘”。这里说的是“托敌肘闭敌”。

【动作演练】

由单鞭下势。如对手往回拽我左掌，我即顺势将左掌外旋随身向前上提升，继而左掌弧形内旋下沉，左搂至左胯侧，掌心朝下。同时，我左脚外撇立定，重心前移，右腿随之提起用膝向对手腹部冲去。如距对手较远，可以足尖甩踢其腹部。我右吊手同时松活变掌，自后下向外旋转，上随贴右腿向前圆转、向上内旋托起，以格闭对手之左手，右臂掌随即内旋屈肘立掌击打对手头面部。左掌下沉与右臂掌上托形成对拔劲，组成上为肘掌化打、中为屈膝冲顶、下为足踢的三连击技法。这是右式左独立。

若对手以左臂掌化开我右肘掌的击打，并用右拳进击。我即稍后落右脚，速起左手托对手右肘，同时提左膝冲顶其裆、腹部。我右臂掌外旋转内旋顺势沉化对手左手脚的变化，左右臂随右腿下沉转挺立形成对拔发劲态势。这是左式右独立。（图61）

①单鞭　②下势　③重心前移

④左独立　⑤换腿　⑥右独立

图61　动作演示

【练拳误区】

现今练拳往往将右吊手反勾下沉于右臀后，实为不妥，因易被敌反拷而处于背势；再随膝向前摆提，完全丢失我右掌臂上托、格闭对手左掌击打的功能。均为不妥。

# 质疑三十 转身白蛇吐信

《太极拳体用全书》第52页——“此式略与撇身捶同，惟第二式变掌用法。惟在手掌加沉劲耳”。

其中，只写略与撇身捶同，变掌，似乎未予尽言。

【解惑释疑】

的确，杨公在此未予尽言，因杀手掌过于凶狠，不便轻易传授，只能对心腹之徒言传身教。

自从李雅轩眉批《太极拳体用全书》“转身白蛇吐信”之后，也有拳友对“转身白蛇吐信”提出相同的质疑，认为杨家演练的“白蛇吐信”“名不副实”，似乎“高探马穿掌”更形象于“转身白蛇吐信”，是这样吗？

缘于《太极拳体用全书》中“转身白蛇吐信”拳照，比“撇身捶”少了体现白蛇吐信的右掌内旋顺步四骈指覆掌前冲插掌。这是形象体现白蛇吐信致命的杀手掌，所以书中未列出，只在言传身教时，老师择人叮咛嘱托传授。

不少拳友演练此招时，少了最后一招，即由右弓步变半马步的右手内旋四骈指前插掌，与左手外旋后收之对拔发劲。

傅钟文老师在讲授此招时，告诫慎用，降服即止。

杨振基在《杨澄甫式太极拳》一书中也说明“转身白蛇吐信”不同于“撇身捶”，在翻身劈挂后，复以“右掌伸出”前插。所以，笔者据此演示成如下拳照（图62），以供参考。

图62　转身白蛇吐信

【动作演练】

由扇通背。此时，我左弓步，右腰胁开，为防对手自身后右侧袭击，重心速移至左脚，以脚跟为轴里扣90°。采用左实右虚的左移转及右掌外旋变拳下沉于腰胁间，续转内旋下沉变平握盖拳，拳眼指向腰胁，右臂肘既护腰胁，又形成对对手的肘攻蓄势。同时，左掌外旋上提转内旋形成招手掌立于左额前，以防对手右拳攻击。若对手此时按抓我右肘，我左掌腕速下落抱压敌掌腕，速以右前臂翻出，下压扣沉敌腕，形成折腕擒拿动作。

如对手此时后撤，我即将右拳变掌，掌心朝上，自我左臂肘内由上翻出圆转向西撇去，从对手头、面、胸一路下行，左掌腕抱扶右肘，助右臂用掌指下挂，使对手茫然不知所措，成左实右虚步。

对手若仰身后撤，我即收右掌，用左掌急向对方身体冲去，右腿虚进踏实成右弓步。

若对手退而复进，我速变右弓步为半马步的同时，左掌外旋收引沉化对方拳，右掌内旋以四骈指平直插掌，掌心朝下，且以侧马步助以发劲。这是顺步插掌，凶猛异常，以降化为旨，不下杀手。（图63）

图63　动作演示

此“右掌内旋顺步四骈指覆掌前冲插掌”也见于当今拳师有练，崔仲三为“仰掌前冲插掌”，王志远为“四骈指前冲插掌”；前辈拳师傅钟文老师只言传身教，杨振基则在《杨澄甫式太极拳》一书中记载有此“右掌内旋顺步四骈指覆掌前冲插掌”。这是杨澄甫嫡传儿子的有效凭证。杨澄甫特列一式“转身白蛇吐信”以别“撇身捶”是有其特别含义和功效的。

**【练拳误区】**

现今练拳往往不知左右手的协同动作；不知肘攻；右掌单臂撇挂，左掌沉开无所作为；在撇挂时已成右弓步（应为虚步），进左掌收右拳时，则成呆弓步，形成手动脚不动；更少知插掌发劲的技击功能。均为欠妥。

# 质疑三十一　高探马穿掌

《太极拳体用全书》第54页——“同前高探马，惟右手探出后，即收回，手心朝下。左手稍提起穿掌向敌喉间冲去，右手仍藏在左肘下。以应变”。（图64）

图64　高探马穿掌

其中，由“高探马”扑面掌的丁虚步变成“高探马穿掌”的左弓步。不知何故，手法、步法均未作交代。

**【解惑释疑】**

的确，正因未予写明，只在言传身教中。在后传延续而有不同练法，常见的右手掌操作就有两种：一种为右扑掌平降至左掌仰伸穿喉掌的肘下，右掌保持手心朝下；另一种为右扑面掌先外旋沉化对手左迎掌，然后内旋黏採其左掌，引带至左掌仰伸穿喉掌的肘下，仍使右手心朝下。傅钟文老师就是按后者传授的。

采取的步法相同，将高探马的丁虚步，屈右膝，虚送左腿前进，以跟步形式向对手进击，落地后变成左弓步，稳准有劲。

【动作演练】

由单鞭。对手用右手挡化我左推掌，并往外拨开。我即将左掌外旋松腕使手心朝上迭住对手右腕往怀内採回，同时提回左脚，右膝稍屈坐实，急将右手由后而上，即由后先下再上，向下时外旋，过腰时内旋往上圆转向前，向其面部用掌探去。这是螺旋缠丝劲的精妙体现，且左手採沉与右手探掌形成对拔发劲，同于高探马。

对手必用左掌格化我右探掌，我随后将探出的右掌下切对手左掌，回带至我左肘下。右掌是先外旋后内旋，至手心朝下的螺旋缠丝劲，且右掌背贴于左肘下，形成三角支撑穿掌，同时虚送左腿前进成跟步形式左弓步，使左臂掌同步穿伸稳准有劲。我穿掌向对手喉间冲去，对手左臂掌仍被执压在我右掌下。（图65）

①单鞭

②吊手下落

③高探马　　④蹲身出步　　⑤高探马穿掌

图65　动作演示

【练拳误区】

现今练拳往往忘记杨公澄甫“右手仍藏在左肘下”的教导，使右掌背脱离左肘悬空，实不应该。更不知我右掌须执压对手左臂掌于我左肘下，左穿喉掌才能最有效地威慑敌人。请参看杨公澄甫的拳照。

# 质疑三十二　十字腿

图66　十字腿

《太极拳体用全书》第54页——“由前式（高探马穿掌式），设敌人用右手牵住我之右手时，我即将右手抽开，至左手腋下，随将左掌向敌胸部冲去，成十字手形。其时设有敌自身后右边用右手横打来，我急将身向右正面拗转。左臂同时翻上屈回，与右臂上下相抱时，急将左右手向前后分开拦住敌手。同时急将右腿提起，用脚跟向敌右胁部蹬去。则敌必应腿跃出矣”。（图66）

其中，“……左掌向敌胸部冲去，成十字手形”。“其时设有敌自身后右边用右手横打来……急将左右手向前后分开拦住敌手”。有人认为是多余的，认为这前43字和后56字都是误植的。

【解惑释疑】

杨澄甫特别在《太极拳体用全书》“十字腿”一节

中比《太极拳使用法》“十字腿单摆莲（即十字腿）”一节文字中增写了这一段话（43字），应不是误植的，也不是多余的，要认真体悟。如下述。

这牵涉到传统杨式太极拳套路是怎么从“高探马穿掌”拳架演练成“十字腿”的过程，笔者原先和各地公园、拳馆的拳师们一样，都是由弓步穿掌状态，两掌内旋十字上合，左腿起立，右脚虚收，右转向南；再提右腿摆转向西，与两掌东、西分劈的同时，向西蹬出右腿，左腿微屈稳稳站立，而成“十字蹬腿”。从未有人提出疑问。

后经多年习练、体验、思考，感觉在技击理法上有所不妥。因为当你弓步穿掌向东击对手时，必然遇其化解受阻，前方对手犹在，怎么可以立即两掌上合，右转向西去对付身后的对手呢？在未驱赶东向正面的对手远离时，立即右转向西是有悖常理之举。所以，在“高探马穿掌”和“十字腿”之间，必须有一个向东驱对手远离的技击动作，然后右转向西对付身后的对手，才是合理之举。

再细读杨澄甫祖师《太极拳体用全书》一书，发现确有详细描述这一过渡定型拳照的一段精确记录。根据杨公所说，“右手抽开，至左手腋下。随将左掌向敌胸部冲去”，这就是“高探马穿掌”和“十字腿”之间，应有的一个“左冲掌”驱敌远离的技击动作。据此演示拳照如下。（图67）

①高探马穿掌

②左冲掌

③右拗转十字腿

**图67　加过渡动作的十字腿**

图67中“②左冲掌”照片是笔者演示的向东进击驱敌远离的技击动作拳照，采取左掌内旋翻下侧掌坐腕前冲发劲来演示“左冲掌”，这是螺旋缠丝左、右手对拔发劲的需要，也是杨公后一段所说：“左臂同时翻上屈回”的前奏曲响应所必需。如果左掌原先就是仰掌前冲的话，就没有翻上屈回的说法了。可见，杨公的文字描述是很精准的。

鉴于杨澄甫太极拳习练者在85式太极拳套路演练过程中，都漏掉了“高探马穿掌”到“十字腿”之间过渡动作的拳架态势，笔者借助杨公的语言文字还原出他要表达的过渡定型拳照的架势，以补充《太极拳体用全书》成书之前未曾拍此动作拳照，供拳友参考。

还有人提出质疑，“杨澄甫本人没有‘左冲掌’这样演练的拳照，连他的儿子，以及杨澄甫亲自教授的徒弟们也没有这样演练的”。还有人说，为什么这段文字只在《太极拳体用全书》中出现，其他版本均无。

笔者认为，因为1931年《太极拳使用法》中未对“高探马穿掌”向东受前方对手化解阻挡后，作进一步技击处理描述，即收左手穿掌，右转身向后朝西，去对付身后的另一对手，有悖拳理。杨澄甫祖师后来应是有所发觉，故而在1934年重写《太极拳体用全书》时，就在“十字腿”一节中添加了过渡动作的内容。这里“左臂同时翻上屈回”很重要，如果原来就是仰掌向上前穿的话，就没有再翻上的理由了。必然是左掌内旋顺化下沉变立掌，向对手中位胸部冲去，才有随后的“左臂同时翻上屈回”叙述。这也表明这一节叙述前后呼应的完整和精准。

在确认《太极拳体用全书》“十字腿”一节内容为真实的前提下，我们来看一看“左冲掌”的演练过程。

部位：是中位胸部，不是上位喉部。

（向敌胸部冲去）

掌形：是竖立冲掌，不是上仰穿掌。

（左臂翻上屈回）

发劲：左立掌前冲，右切掌收腋下。

（前后对拔发劲）

又有人说“十字腿”第一段文字和上节“高探马穿掌”似雷同，或者本应是上节文字之错置或重叠。

请看“高探马穿掌”描述为：右手探出后即收回，手心朝下，左掌稍提起穿掌向敌喉部冲去，右手仍藏在左肘下。

再看“十字腿”第一段为：我即将右手抽开，至左手腋下，随将左掌向敌胸部冲去，成十字手形。

显然，两节描述既不雷同，也不重叠，更不是错置，攻击部位、拳法均不相同。比照如下：

前者，打击处是高位喉部，使用仰掌“穿喉掌”；

后者，打击处是中位胸部，使用坐腕“左冲掌”。

前者，右手仍藏在左肘下，藉以支托“穿喉掌”；

后者，右手抽至左手腋下，助“左冲掌”对拔劲。

有人反对笔者按杨澄甫《太极拳体用全书》中“十字腿”文字揣摩演示成“左冲掌”，说是笔者自创的。那么，若“高探马穿掌”击对手受阻后，立即左掌上举向右转身，显然会被原对手击打暴露的腰肋，太不合理。

反对者根据《太极拳使用法》（1931年）“高探马穿掌”之后，“十字腿”一节文字中没有“左冲掌”的叙述，而断定《太极拳体用全书》“十字腿”一节中43个字是多余的，过于武断了。

《太极拳使用法》是1931年写的，到1933年重写《太极拳体用全书》时不能有所改动吗？很可能杨公当时就发现姜容樵、吴公藻、许禹生拳师在高探马穿掌之后有引入驱敌远离动作，故而重写《太极拳体用全书》时补入这一“左冲掌”的描述，只是未能当时补拍拳照而已。

为此，笔者查阅了前辈拳师姜容樵在《太极拳讲义》一书中的文字和手绘拳架，发现在“高探马”之后，确有类似“左冲掌”的一节“鹊雀蹬枝”一式，形如“左冲掌”架式，只是多加上了一个左蹬脚（第279~284页）。（图68）

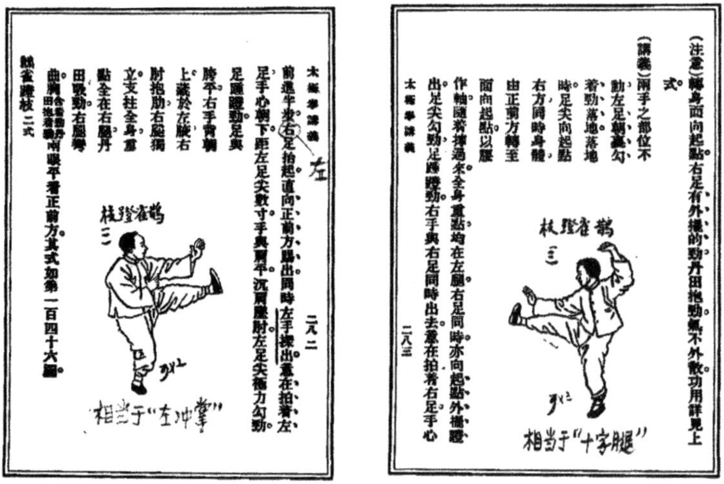
太極拳講義

前進半步右足抬起直向正前方踢出同時左手探出意在拍着左足手心稍下距左足尖數寸手與肩平沉肩墜肘左足尖稍力勾勁足頭蹬勁足與胯平右手背稍上藏於左腋右肘抱肋右腿獨立支柱全身重點全在右腿丹田吸勁右腿彎曲胸含着勁丹田抱着勁兩眼平看正前方其式如第一百四十六圖。

鵲雀蹬枝 二式

二八二

（注意）轉身面向起點右足有外擺的勁丹田抱勁氣不外散功用詳見上式。

（講義）兩手之部位不動左足稍蓋勾着勁落地落地時足尖向起點右方同時身體由正前方轉至面向起點以腰作軸隨着擰過來全身重點均在左腿右足同時亦向起點外擺蹬出足尖勾勁足踵蹬勁右手與右足同時出去意在拍着右足手心

太極拳講義

二八三



图68　鹊雀蹬枝（一）（二）

吴公藻在《太极拳讲义》一书中“十字腿”转身前的一节（第131~132页）有“扑面掌”，犹如“左冲掌”的翻版，几乎一致。这也证明“左冲掌”的说法是符合杨澄甫师祖的原意的。请看吴公藻在《太极拳讲义》中的“扑面掌”和“十字腿”拳照（第131~132页）。（图69）

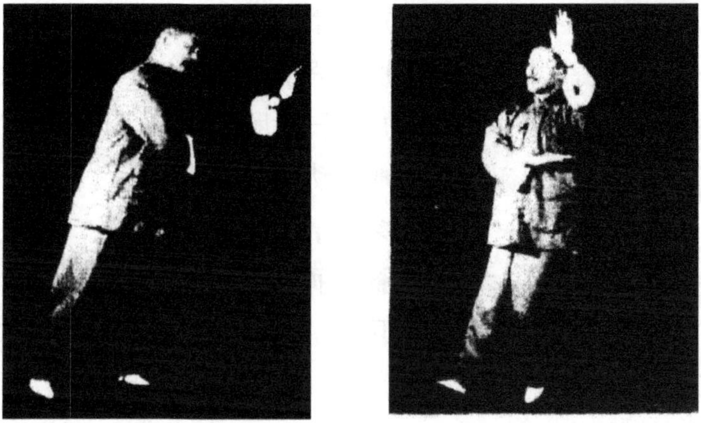

图69　左扑掌与左冲掌

许禹生在《太极拳势图解》（1921年版）第45页，也有类似“左冲掌”的特指文字描述，即“（二）左掌内运下合，掌心向前吐力”，如图70所示。

十字擺蓮式圖

（圖解）（一）由高探馬式。左足前進半步。左手仰掌。由右手腕上面穿出。右手掌心向下。同時隨右臂抽回。屈肱置左腋下。（二）左掌內運下合。掌心向前吐力。（三）坐左腿。向右後方轉身。略舒右腿。如丁虛步。左臂由頭左上舉。圈置頭上。掌心向前。（四）右足由左向右擺踢。同時左掌由右向左拍右足面。左臂下垂。掌心向下。

（注意）轉身後。須以全身重點寄於左足。方可將右足提起。右足運動路線。宜為正圓形。

（應用）敵由後襲擊。即轉身以手格攔。乘勢以足側踢之。

（67）摟膝指襠錘式

（釋名）此式於摟膝後。乘勢用拳進擊敵襠故名。此為太極拳五錘之一。

（動作）有三、（一）落步摟膝、（二）進步摟膝、（三）指襠錘、

太極拳勢圖解　　四十五

图70　十字摆莲图示（许禹生）

从许禹生（许龙厚）所著《太极拳势图解》第45页——“十字摆连式图”所描写的四个动作，与《太极拳体用全书》“十字腿”的动作对照也可证明杨澄甫确有“左冲掌”这一“驱敌远离”动作。

“第一动（一）”：穿手，“由高探马式，左足前进半步，左手仰掌，由右手腕上面穿出，右手心向下，同时随右臂抽回，屈肱置左腋下”。这就是“高探马穿掌”的定式动作。

“第二动（二）”：扑面掌，“左掌内运下合，掌心向前吐力”，就是杨澄甫《太极拳体用全书》“十字腿”一节述说的“左冲掌”驱敌远离，即“左掌下沉坐腕立掌（左掌内运下合），向敌胸部冲去（掌心向前吐力）”。

“第三动（三）”：转身，“坐左腿，向右后方转身，略舒右腿，如丁虚步，左臂由头左上举，圈置头上，掌心向前”。就是“十字腿”左臂翻上屈回动作。

“第四动（四）”：摆踢，“右足由左向右摆踢。”这就是“十字腿”向右摆转蹬脚的动作。

杨振基所著《杨澄甫式太极拳》（1993年版）第153页“十字腿”一节也载有如下内容：

（1）对手用右手牵住我右手，我将右手抽开至左腋下，用左掌向对手胸部打（冲）去。

（2）对手从身后右边用右手横打来，我右转身两手合抱分开拦住对手的来手，提右脚向其右胁部蹬去。

可见其“左冲掌”的历史。这是作为儿子的杨振基对其父亲杨澄甫著作语言的历史确认。这对于否认“43字真实合理性”的武断说法，也是一段明确的旁证材料。

上述材料说明，“高探马穿掌”之后应有向东驱对手远离的动作（左冲掌），才可转身向西应对身后的另一对手。（图71）

①高探马穿掌 ②弓步冲掌 ③仰掌上提回收

④右转十字上架 ⑤十字腿

图71 动作演示

# 质疑三十三　进步指裆捶

《太极拳体用全书》第55页——“接十字腿式，如敌人往回撤手时，我即将右足落下，同时左足前进，屈膝坐实（成左弓步）。在此时设敌人再用右足自下踢来，我急用左手，将敌右足往左膝外搂开。左手随即握拳向敌裆部指去，身微向前倾”。（图72）

图72　进步指裆捶

其中，左手写错（从拳照中看出），应为右手。

**【解惑释疑】**

这种明显的错误，显然不是代笔者的水平问题，只能是笔误，或为排字习惯之错，应不予针砭。

**【动作演练】**

接十字腿。对手被蹬退离时，我即回收右腿下落，屈左腿、蹲身下降，虚送右腿往右前方进步，先以脚跟着地，身体向右微转，脚尖外撇落实；左脚提跟至右踝左后方，成跟步。同时，我右掌外旋变拳，沉降回收至右腰胁旁，与左掌外旋往右回旋，内旋下切沉降坐腕于右膝前，形成进击架势，为蹲身跟步。若此时对手再用右足自下踢来，我急用左手，将对手右足往左膝外搂开，同时虚进左足于左前方，屈膝坐实成左弓步；左臂掌坐腕，沉搂于左膝旁，右臂随即内旋运拳向其裆部进击，高与腹齐，身微折腰，前倾加压。（图73）

①十字腿

②收手落右脚

③弓步进裆

④虚进左搂

⑤进步指裆捶

图73　动作演示

【练拳误区】

现今练拳往往是捶击的高度过高，甚至到腰；还有把平拳握成折腕上翘的怪象；更有蹬脚后直跌落步，既不回收蹬出的腿，又无支持腿蹲身下降，成了虚步送腿的猫行步。均不合度，应以杨公拳照为准。

# 质疑三十四　上步七星

《太极拳体用全书》第56页——“由单鞭下势，设敌人用右手自上劈下，我即将身向左前进，两手变拳，同时集合交叉，作‘七’字形，手心朝外掤住。向敌胸部用拳直击亦可”。（图74）

其中，手心朝外错了（从拳照可见），应是手心朝里。

图74　上步七星

【解惑释疑】

手心朝外确实错了，可能是笔误造成。这从杨澄甫上步七星的拳照可明显看出，也可从《太极拳使用法》第62页——“上步七星用法”中“两手同时集合交叉作‘七’字形，手心朝里掤住”，以及杨澄甫拳照作证。

【动作演练】

由单鞭下势。设对手用拳、掌欺进，我即撑收右腿，重心前移至左脚，屈膝。我右脚跟先离地，向前经左踝内侧提起，向前迈出半步，以前脚掌点地，成右虚步；上体渐渐左转，两手均外旋变拳，集合交叉作“七”字形，高至下颌，左拳在上，右拳在下。眼向前平视，眼神关及两拳前掤。继而，我双拳内旋，手心朝里向前朝上掤架，将对手格住，拳眼45° 斜上朝后。进而，可向对手胸部用拳直击，眼观对手；也可用虚脚右腿朝对手裆部踢去。化而顺发，根于左腿和腰的蹲劲，以及快速的应对反应。（图75）

①单鞭

②下势

③双掌变拳上步

④跟步送拳

⑤上步七星

图75　动作演示

【练拳误区】

现今练拳往往两拳交叉靠胸过近、过低、过远、过高，均不合适。因对手右手自上劈下，若我合拳过近、过低，头易受伤；若合拳过远，则臂过于伸直，劲不足；若合拳过高，我胸腹暴露，易受攻击。

有些拳友更是形成手心朝外的掤拳，很是别扭，还有仰肘之嫌；更有练成佝背弯腰、眼朝下看的窘态。都不可取，应以杨公拳照为准。

# 质疑三十五　退步跨虎

《太极拳体用全书》第57页——“由上步七星式，设敌人用双手按来，我即将两腕黏在敌之两腕里。左手往左侧下方捌开，右手往右侧上方黏起，两手心随向外翻。右脚随往后退一步，落下坐实。腰随往下沉劲，左足随之提起，脚尖点地，遂成跨虎形。使敌全身之力皆落空。此时则敌虽猛如虎，略一转动，便受我制矣”。

其中，应该说“跨虎形”不同于“白鹤亮翅”的“丁虚步”，但“退步跨虎”拳照和“白鹤亮翅”完全相同，应是用错了的。

图76　退步跨虎

**【解惑释疑】**

的确如此，文字有别，拳照用错，应是有历史原因的。今取用董英杰的《太极拳释义》中“退步跨虎”的拳照来代用展示（图76）。

请观察《太极拳体用全书》中，两张“白鹤亮翅”和一张“退步跨虎”，共三张拳照，它们是完全相同的，即为如下同一张拳照（图77）。

图77　白鹤亮翅

三取其二为准，表明“退步跨虎”拳照有误。可能当时漏拍“退步跨虎”拳照，而错用了“白鹤亮翅”拳照充数所致。

董英杰是《太极拳使用法》的代笔者，取董英杰《太极拳释义》中拳照进行比对即可明鉴。（图78）

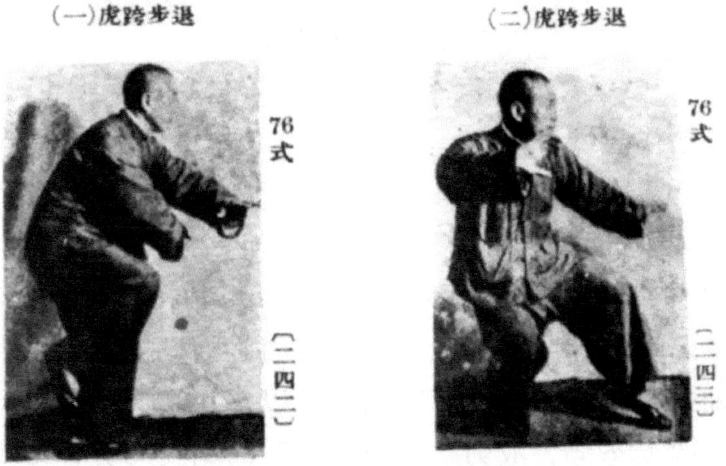


图78　退步跨虎（一）（二）

傅钟文老师在《杨式太极拳教法练法》（1989年11月）中第52页图30、第238页图474的正面图的定式拳照也可确证，“白鹤亮翅”与“退步跨虎”是不相同的两个架式。（图79）

①白鹤亮翅　　②退步跨虎

**图79　傅钟文拳照**

**【动作演练】**

由上步七星。对方臂掌劈击过于猛烈，我不堪蹲架，则利用右脚的右后撤步，重心后移至右腿，成右实左虚步，以作缓化，落下坐实右腿，左足随即提起，脚尖点地，成跨虎势。同时，我左拳变掌内旋随沉捌护，右手急速后抽外翻回护，结成两臂相挽，以化解敌人的进击。从而得以改变态势，成为“我内敌外”的利我局势，即我两腕黏在敌人的两腕里挡，然后我两臂掌内旋上下捌黏外展的对手的两臂掌，成右上左下，使对手正面暴露，唯我是从。（图80）

①上步七星

②退步甩拳

③两拳变掌

④重心后移

⑤两臂相挽

⑥退步跨虎

图80 动作演示

【练拳误区】

现今练拳往往把“退步跨虎”演练成“白鹤亮翅”。这可能与《太极拳体用全书》中的拳照有关。

# 质疑三十六　转身摆莲

图81　转身摆莲

《太极拳体用全书》第58页——“由退步跨虎，设又有敌人，自我身后用右手打来，前后应敌于万急时，我即将右脚就原地，向右后方悬起左脚随身旋转，同时以两手及左腿用旋风势，以手脚向敌上下部刮去。复转至原位时，紧将敌右肘腕黏住，随绕敌之腕里，往左用捋带挒抽回，急用右脚背向敌胸胁部，用横劲踢去。脚过似疾风摆荡莲叶。所谓柔腰百折若无骨，撤去满身都是手，此功之奥妙，非浅学者所可领略也”。（图81）

其中，将敌右肘腕黏住，似为左肘腕较合顺。

【解惑释疑】

首先，对手是用右手打来，后旋风扫刮回到原位，紧黏对手肘腕时，当然是右肘腕，尽管似有不顺。

【动作演练】

由退步跨虎。设此时有对手自我身后来袭，我必须先驱离前方的对手，即用右掌前扑下沉对手左臂，我左掌外旋经腹、胸上行回收，从右前臂内旋向前迅即扑出，同时虚进左步成左弓步。对手必以右掌格挡，我继而左掌下切对手的右护手掌，用右掌续扑其头面部，前进跟步。这样既能驱离前方对手，又能离避后袭的对手。

随后，我速重转里扣左脚，外撇右脚，再使重心移至右腿，腰带双臂掌及左腿脚向右后扫打，向后袭的对手上下部刮去，迫使其退离。

而原已驱离的之前敌复回向我进击，我即双手擒拿敌右臂肘腕，朝西北方向虚送左腿牵敌侧冲。我左脚落地即起右脚向左再转右借腰带动，用脚背旋摆击打敌胸胁部。（图82）

①退步跨虎　②虚进左扑　③右扑掌　④右后旋扫

⑤跟进　　⑥落左脚　　⑦转身摆莲

图82　动作演示

实战练法如下：当前方对手正面暴露时，后方又有另一对手偷袭，可启动左右掌轮换前扑，且两脚向前跟进半步，以逼退前方对手，又避免受后方对手偷袭。随后，以右脚掌为轴，起左脚，两手随腰身右后旋，成旋风腿，以手脚向对手上下部刮去，以退后方对手。复转至原位时，以对付原已逼退的前方对手再进右拳击我，我速用双手将对手右肘腕黏住，往左捋捌抽回，用右脚缘以横劲踢向其胸胁部，使其无法退避。左足千万要立实。

【练拳误区】

现今练拳往往在摆踢右腿时，错误地面对正东或东南。正确的练法应是面朝向西北的侧牵摆踢，应与杨公澄甫拳照相符。有些拳友更无前、后驱及避敌的攻防意识，这就不合拳理了。

# 质疑三十七　弯弓射虎

《太极拳体用全书》第59页——“由转身摆莲式，设敌人往回撤身时，我即将左右手随敌之手黏去，复绕过敌之手腕间，向右侧旋转，握拳从左隅角击去，左手同时沉在敌右肘部击去，右腿随往右落下坐实，右手辄向敌胸部击去，皆要蓄其势，腰下沉劲，略如骑马裆式，左脚变虚，如成射虎弯弓之势也”。（图83）

图83　弯弓射虎

其中，“从左隅角击去”有错，应是“向左隅角击去”。

**【解惑释疑】**

握拳“从左隅角击去”没有错。这是杨公对自己说的，就是“从杨公自己的左隅角击向敌人”。左拳打击点为对手的胸胁部；右拳打击点为其头面部。

【动作演练】

由转身摆莲。设对手沉肘收臂缩身后撤，我双手随其腕黏去，向右侧旋转，逐步握拳。我收右腿转腰，左腿渐行下蹲，右腿沿上摆路线下落，右腿朝东虚进，落实成右弓步；同时，双拳外旋随腰右转，由下而上至右弓腿处时，双拳变内旋随腰左转继续向上朝东北方向，左拳平直冲击对手胸胁部，右拳屈上勾打其头面部。腰下沉为右弓骑马裆式，膝不过脚尖。这是转腰甩拳发劲，眼观对手。（图84）

①转身摆莲

②原路下落

③弓步变掌

④双拳旋提　　⑤转腰甩拳　　⑥弯弓射虎

图84　动作演示

弯弓射虎之势特显腰外旋和内旋之发劲的主宰作用，先外旋下沉，继内旋提升，带动双拳环绕捶击，终成右实左虚的骑马裆式攻击态势。

【练拳误区】

现今练拳往往双拳的指向、高低有错；更有人练成膝出脚尖、人歪身斜的拙态。均为不妥，应以杨公拳照为准。

# 质疑三十八　合太极式

《太极拳体用全书》第60页——“由如封似闭，变十字手，两手分左右下垂，手心向下与起势式同，是名合太极。此为一套拳终了之时，学者尤不可忽略。合太极者，合两仪、四象、八卦、六十四卦，而仍归于太极，即收其心意气息，复全归于丹田，凝神静虑，知止有定，不可散失，以免贻笑大方也”。（图85）

图85　合太极式

其中，“两手分左右下垂，手心向下与起势式同”，与拳友们练法均不相同，应“两手下垂手指向下”。

**【解惑释疑】**

的确，这是杨公练拳的特点，即使沉掌、坐腕，仍能舒松肌腱、骨节，从杨公的拳照就能看出其精气神之非同一般。这是拳友们长期修炼所要追求的楷模，应一丝不苟、不可移易地揣摩。

【动作演练】

由十字手。接对手下击的臂掌，微沉即转，两掌内旋向前上托架伸展，随即左右分开至肩宽，掌根下沉化其势，可顺推或按发使对手离退远去。我双掌坐腕下沉至两腿前侧，坐腕下垂两掌舒松移至两腿外侧。松肩含胸，自然站立，呼吸自然，心静目宁。合两仪、四象、八卦、六十四卦，而仍归于太极，即收其心意气息，复全归于丹田，凝神静虑，知止有定，返璞归真。（图86）

①十字手

②内旋前展

③内旋摆沉

④坐腕摆沉　　⑤舒静摆沉　　⑥合太极式

图86　动作演示

【练拳误区】

现今练拳往往过度下蹲，或反复调整呼吸，实为误导。因太极拳套路运行是动中寓静，呼吸自然。合太极收势时是平心静气，呼吸自然的。若非要多次舒缓呼吸才能平静下来的话，说明你在套路运行中未能处于舒缓自然之态，必须予以改正。

# 质疑三十九　含胸拔背

李雅轩先生在《太极拳体用全书》的例言前眉批云：“老论中无含胸拔背之说，只有虚灵顶劲、气沉丹田，亦无松肩垂肘之说。盖气沉丹田，一身松舒，含胸拔背、松肩坠肘自然有之。若单注意去作含胸拔背、松肩坠肘，恐与身心舒适有碍。学者不可不慎。尤不可专注意此十三点也。只须注意一身松舒，虚灵顶劲，气沉丹田，则十三点自然有之，而且来得自然。否则必致勉强作出，与自然大有妨碍也。”并将《太极拳体用全书》的诸多“讹误”，归结为校订者郑曼青先生“学拳未久，不懂拳意，自己想造出来”。

**【解惑释疑】**

眉批责难郑曼青先生“学拳未久，不懂拳意，自己想造出来”。尽管郑曼青拜杨澄甫为师，学拳未久，却能谨慎从事，且郑曼青先生于《太极拳体用全书》中使用的“含胸拔背”，均从之前董英杰代笔的《太极拳使用法》中移植而来，并不是郑曼青先生自己想造出来的。显然，妄加责难是不符合实际的。

不信，且看董英杰代笔的1931年文光印务馆出版杨澄甫老师《太极拳使用法》中的部分内容，如下：

1.“太极拳起势”（胸微内含，脊背拔起）。

2.“拦雀尾按法”（沉肩坠肘，坐腕含胸）。

3.“提手上式用法”（胸含、背拔、腰松）。

4.“手挥琵琶式用法”（含胸、屈膝坐实）。

5.“如封似闭用法”（同时含胸坐胯）。

6.“肘底看捶用法”（胸含背拔）。

7.“倒撵猴左式用法”（背拔、胸含）。

8.“高探马用法”（松腰、含胸）。

9.“左转身蹬脚用法”（含胸拔背、松腰）。

10.“进步栽捶用法”（胸含，眼前看）。

11.“双风贯耳用法”（背拔、胸含）。

12.“玉女穿梭头一手左式用法”（胸含、背拔）。

13.“上步七星用法”（拔背、含胸）。

14.“退步跨虎用法”（拔背、含胸）。

上述14条都书写着“含胸拔背”或“胸含、背拔”。可见郑曼青先生代笔在1934年2月出版的杨澄甫老师《太极拳体用全书》中，移植使用“含胸拔背”，来源于董英杰代笔的1931年文光印务馆出版杨澄甫老师《太极拳使用法》，是明确无误的。也证实了“含胸拔背”不是郑曼青先生自己想造出来的。

再看由杨澄甫口述、张鸿逵笔录的《太极拳之练习谈》中有：“二、身躯宜中正而不倚，脊梁与尾闾，宜垂直而不偏；但遇开合变化时，有含胸拔背，沉肩转腰之活动。”由杨澄甫口述、陈微明笔录的《太极拳说十要》中有：“二、含胸拔背　含胸者，胸略内涵，使气沉于丹田也。拔背者，气贴于背，能含胸则自能拔背，能拔背则能力由脊发，所向无敌也。”

这些都是杨澄甫口述真言，可见郑曼青在《太极拳体用全书》中使用“含胸拔背”还是传承了杨澄甫的真言行为。这也证实了绝不是郑曼青先生自己想造出来的。

前辈武禹襄从杨露禅学拳十数年后，得王宗岳《太极拳论》，制定了太极拳身法八要：“涵胸、拔背、裹裆、护肫、提顶、吊裆、腾挪、闪战”。也就由“涵胸、拔背”，改作“含胸拔背”。李亦畬老三本之《启轩藏本》内附“虚实阴阳图”，胸口凹陷如玉珏。直观而又形象地解密了太极拳含胸拔背的要义，都可作为老论中有“含胸拔背”的证据。

笔者在此补充一点，即“含胸拔背”不但是太极拳的要点，而且是所有武术的要点。“含胸拔背”既能使动作敏捷，还能增强格斗中抗击打的功能。请看所有武术格斗和西洋拳击争霸，无一例外都采取“含胸拔背”拳姿进行，就是明证。一旦打开对手“含胸拔背”姿态，预示击倒对手的时刻到来。

# 参考文献

[1] 杨澄甫. 太极拳使用法[M]. //杨澄甫, 等. 太极拳选编. 北京: 中国书店, 1984.(根据文光印务馆1931年版影印)

[2] 杨澄甫. 太极拳体用全书[M]. 上海: 上海书店, 1986.(根据中华书局1948年再版本复印)

[3] 杨振基(演述), 严翰秀(整理). 杨澄甫式太极拳[M]. 北京: 中国国际广播出版社, 2000.

[4] 顾留馨. 太极拳术[M]. 上海: 上海教育出版社, 1982.

[5] 董英杰. 太极拳释义[M]. 上海: 上海书店, 1987.

[6] 傅钟文(演述), 周元龙(笔录), 顾留馨(审). 杨式太极拳[M]. 北京: 人民体育出版社, 1994.

[7] 傅钟文, 傅声远. 杨式太极拳教法练法[M]. 上海: 同济大学出版社, 1989.

[8] 吴志青. 太极正宗[M]. 上海: 上海书店, 1982.(根据大东书局1940年版复印)

[9] 陈炎林. 太极拳刀剑杆散手合编[M]. 上海: 上海书店, 1988.(根据国光书局1949年1月原版影印)

[10] 郑曼青. 郑子太极拳十三篇[M]. 香港：新联出版社，1978.

[11] 王志远. 杨式太极拳诠释[M]. 北京：人民体育出版社，2005.

[12] 孙以昭. 杨式太极真功[M]. 北京：人民体育出版社，2010.

[13] 沈寿（点校考释）. 太极拳谱[M]. 北京：人民体育出版社，1991.

[14] 赵斌，等. 杨氏太极拳真传[M]. 北京：北京体育大学出版社，2006.

[15] 崔仲三. 杨式太极[M]. 第2版. 北京：北京体育大学出版社，2009.

[16] 李庆荣. 杨澄甫太极拳架过程演练解说[M]. 台北：逸文武术文化有限公司，2015.

[17] 二水居士. 一多卢太极体悟录[M]. 台北：逸文武术文化有限公司，2012.

[18] 北京中医学院. 中医学基础[M]. 上海：上海科学技术出版社，1978.